기차로 떠나는 한국사 일주

지하철 史호선

국립중앙도서관 출판시도서목록(CIP)

지하철 史호선-기차로 떠나는 한국사 일주/ 지은이: 강응천. --
파주 : 효형출판, 2008
p. ; cm

ISBN 978-89-5872-068-3 03910 : ₩11000

한국사[韓國史]

911-KDC4
951.9-DDC21

CIP2008001910

기 차 로 떠 나 는 한 국 사 일 주

지하철 史호선

강응천 지음

효형출판

기차로 떠나는 역사 여행에 초대하며

서울 지하철 3호선 경복궁역은 수도 서울의 심장부에 자리 잡고 있다. 그 위에는 대한민국 행정의 중심부인 정부종합청사도 있고, 조선 시대 정궁인 경복궁도 있다. 그곳 승강장에서 무심히 지하철을 기다리다가 우연히 석상 하나를 보게 되었다. 신라 시대의 화랑으로 보이는 젊은이가 말을 타고 있는 모습을 새긴 것이었다.

그 순간 역 안으로 달려 들어오는 지하철과 신라 석상이 교차하면서 마치, 1500년 전의 서라벌로 빨려 들어가는 듯한 환상에 빠졌다. 돌조각의 주인공은 우리를 이끄는 시간 여행의 안내자이고, 지하철은 우리를 태우고 달리는 타임머신이었다. 그때 지하철은 더 이상 1호선, 2호선 하는 식으로 일련번호가 매겨진 노선이 아니라, 역사를 달리는 노선, 곧 지하철 '사史호선' 이었다.

그 후 지하철을 타든, 국철을 타든, 아니면 고속철을 타든, 대한민국의 모든 철도가 '사호선', 즉 역사 철도로 변할 수 있다는 것을 발견하곤 했다. 서울에서 수원으로 가는 국철은 조선 후기 화성으로 행차하는 정조 임금을 따라 내려가는 문화사 노선이요, 부산에서 서울로 달리는 경부선은 임진왜란 때 파죽지세로 북상하던 왜군을 따라 올라가는 전사戰史 특급이었다.

이처럼 모든 기차가 역사 기차가 되고, 모든 역이 역사의 교차로가 되는 까닭은 우리 역사가 그만큼 깊고 넓기 때문이다. 대한민국의 국토는 그리 넓지 않고, 국토를 동서남북으로 잇는 철도 노선도 그리 길지 않다. 그러나 기차가 달리는 곳마다 조상의 자취가 켜켜이 쌓여있기 때문에, 모든 '역사 철도' 는 눈앞의 철도보다 훨씬 길고 볼거리가 풍부하다. 만약 우리가 경부선을 따라 상상의 역사 철도를 만든다면 시대별, 사건별로 수십 수백 개의 노선을 개설할 수 있을 것이다.

이 책은 필자가 역사책을 들고 상상의 나래를 펴면서 즐겼던 기차 여행의 기록이다. 청소년 교양지인 〈독서평설〉에 연재한, 서울 지하철을 따라가며 역사 여행을 펼친 '지하철 史호선' 과 전국 철도 노선을 무대로 조상의 발자취를 살핀 'KTX 역사 특급' 이 바탕이 되었다. 물론 우리나라 철도에서 경험할 수 있는 무진장한 역사 여행의 사례들을 이 작은 책에 다 담을 수는 없었다. 여기서는 서울 지하철부터 전라선과 호남선까지 우리나라 철도의 각 노선을 달릴 때 만나는 한두 명의 안내자나 한두 가지의 주제를 중심으로 역사 여행을 펼쳤다.

예를 들어 경전선에서는 남해를 장악하려는 왜군의 침략에 맞서는 이순신 장군의 영웅적인 활약상을 따라 달리고, 지하철 1호선에서는 함흥에서 내려와 의정부를 거쳐 서울로 들어가는 조선 태조 이성계의 발걸음을 따라 내려갔다. 경전선에 이순신 장군의 자취만 있는 것도 아니고, 지하철 1호선에 조선 전기의 역사 유적만 있는 것도 아니다. 그러나 이렇듯 명확한 주제와 줄거리를 가지고 기차를 탈 때 더 재미도 있고 머릿속에도 더 선명한 기억이 남을 것이다.

이렇듯 주제를 정해 여행해도, 전국 철도를 한 바퀴 돌고 나니 오천 년 우리 역사를 주마간산 격으로 훑은 셈이 되었다. 우리 문화유산이 워낙 풍부하기 때문이다. 이 책만으로 부족한 부분은 독자들이 전국의 철도를 누비면서 찾아보고 상상의 나래를 펼 수 있을 것이다. 비단 기차뿐이랴! 삼천리금수강산을 누비는 것은 자동차든, 자전거든, 발걸음이든 역사 여행을 위한 타임머신으로 제 역할을 다하리라.

이제 남은 소망이 있다면 실제의 철길과 함께 휴전선에서 끊어져버린 역사 철도의 노선을 하루 빨리 복구하여 북녘으로, 만주로, 시베리아로 신나는 역사 여행을 이어가는 것이다. 끝으로 이처럼 흥미로운 역사 여행이 출간될 수 있도록 도움을 준 많은 분들께 거듭 감사를 드린다.

2008년 8월

강응천

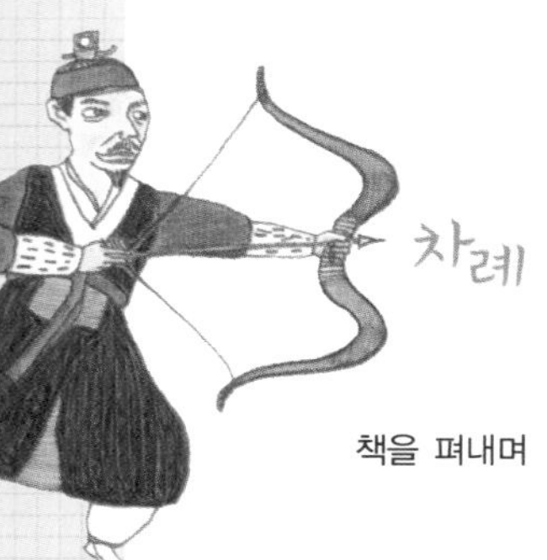

차례

지하철 史호선, 역사를 달리다

한반도 역사 특급을 타다

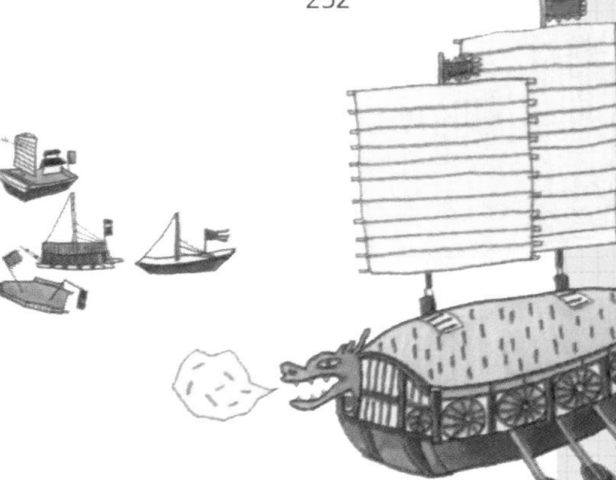

1부 지하철 타고 역사 속으로

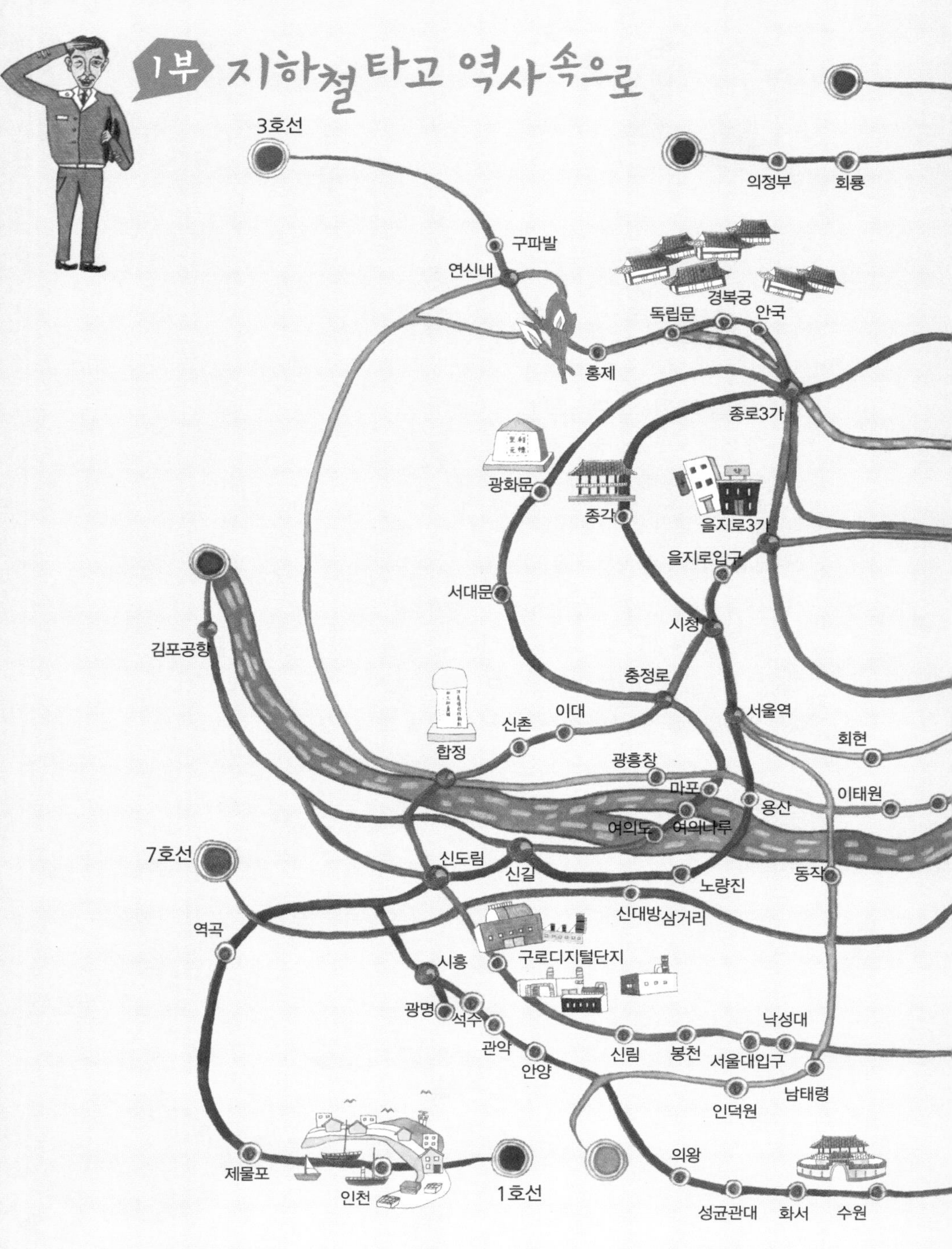

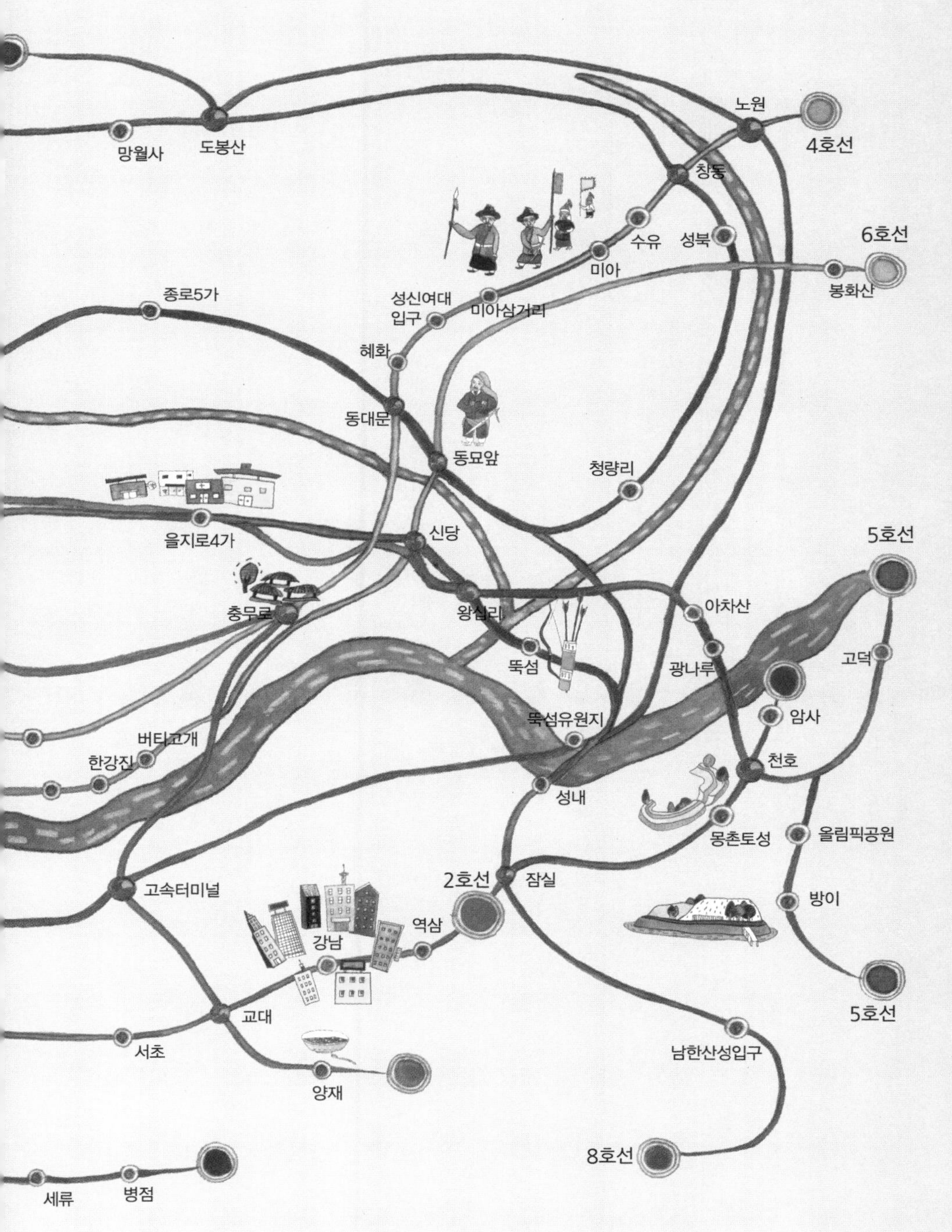

노원
4호선
망월사
도봉산
창동
수유
성북
6호선
미아
봉화산
종로5가
성신여대
입구
미아삼거리
혜화
동대문
동묘앞
청량리
을지로4가
신당
5호선
충무로
왕십리
아차산
고덕
뚝섬
광나루
암사
뚝섬유원지
버티고개
한강진
천호
성내
몽촌토성
올림픽공원
2호선
잠실
고속터미널
방이
역삼
강남
교대
5호선
서초
남한산성입구
양재
8호선
세류
병점

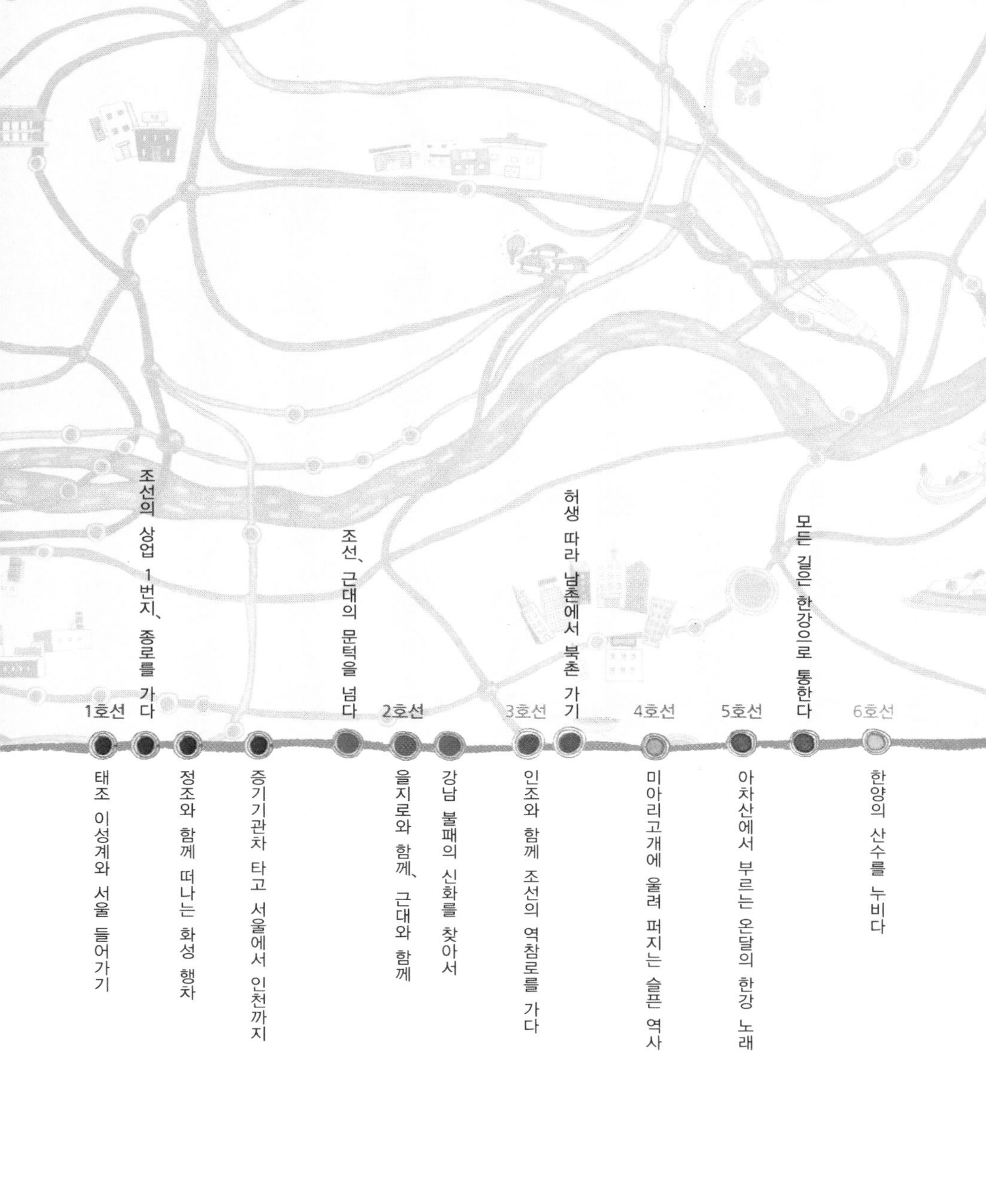

1호선
태조 이성계와 서울 들어가기
조선의 상업 1번지, 종로를 가다
정조와 함께 떠나는 화성 행차
증기기관차 타고 서울에서 인천까지
조선, 근대의 문턱을 넘다
2호선
을지로와 함께, 근대와 함께
강남 불패의 신화를 찾아서
3호선
인조와 함께 조선의 역참로를 가다
허생 따라 남촌에서 북촌 가기
4호선
미아리고개에 울려 퍼지는 슬픈 역사
5호선
아차산에서 부르는 온달의 한강 노래
모든 길은 한강으로 통한다
6호선
한양의 산수를 누비다

과거로 향하는 타임머신, 지하철 史호선에 올라타서 태조 이성계와 함께 서울로 들어가자. 조선 만물이 모여든 종로 시장에 들러 달콤한 엿을 사먹고 정조를 따라 화성 행차를 다녀오면, 서울에서 인천으로 향하는 증기기관차의 힘찬 기적 소리가 들릴 것이다. 남한산성으로 피난길을 떠난 인조, 남촌에서 북촌으로 위풍당당 향하는 남산골 샌님 허생, 여의도 비행장 하늘을 날던 우리나라 최초의 비행사 안창남도 기찻길에서 만나는 반가운 인물들이다.

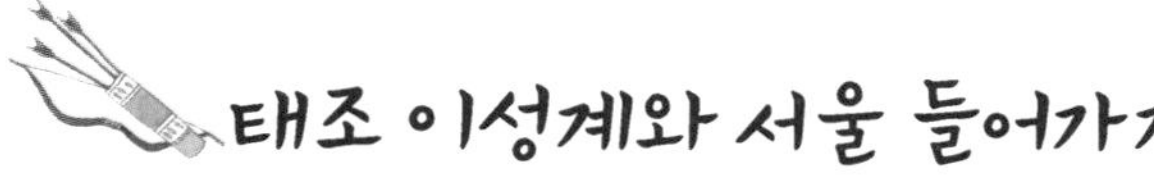

태조 이성계와 서울 들어가기

1호선 의정부 – 회룡 – 망월사 – 도봉산 – 성북 – 청량리

이성계는 정말 함흥차사를 활로 쏘았을까?

1974년, 우리나라에서 가장 먼저 개통된 서울 지하철 1호선은 서울의 심장부인 종로를 관통하면서 북쪽으로는 의정부, 남쪽으로는 인천과 수원 등지를 아우르는 수도권 철도망의 핵심이다. 또 조선왕조의 왕도王都이자 현재 수도인 서울의 어제와 오늘을 한눈에 보여주기도 한다.

먼저 의정부에서 청량리를 거쳐 시내로 들어가는 길에서 태조太祖 이성계(李成桂, 1335~1408)를 비롯한 조선 건국 주체들의 고민을 생생하게 만나 볼 수 있다.

1402년, 태조 이성계는 오랫동안 머문 함경남도 함흥을 떠나 서울로 향했다. 이방원, 곧 태종(太宗, 1367~1422)이 왕위에 오르고 약 2년 만이었다. 태조가 서울을 버리고 함흥에 눌러앉은 내력은 이러했다. 1392년, 고려의 용맹한 장수였던 이성계는 정도전(鄭道傳, 1342~1398)

을 비롯한 성리학자들의 도움으로 조선을 건국했다. 그 뒤 1399년 고려 왕조의 도읍지였던 개성에서 '한양(서울의 옛 이름)'으로 천도(遷都, 도읍을 옮김)했지만, 얼마 지나지 않아 조정은 피로 얼룩진 왕위 계승 전쟁에 휘말리게 되었다.

이성계에게는 사별한 전처 소생의 여섯 아들과 재혼하고 얻은 두 아들이 있었다. 그런데 이성계는 전처 소생들을 제쳐 두고 후처 소생인 방석(芳碩, 1382~1398)을 세자로 삼았다. 그리고 일등 건국 공신인 정도전에게 아들의 후견인 역할을 맡겼다. 그러자 건국 과정에서 누구 못지않은 공을 세운 다섯째 아들 방원이 여기에 불만을 갖고 전처 소생들을 부추겨 제1차 왕자의 난(1398)을 일으켰다.

이 난으로 세자 방석과 그의 형 방번(芳蕃, 1381~1398), 정도전이 목숨을 잃었다. 왕자의 난은 왕자들의 왕위 쟁탈전이기도 했지만, 정도전 중심의 관료 세력과 방원 중심의 왕족 세력 간의 주도권 다툼이기도 했다.

승리한 방원은 둘째 형 방과, 뒷날의 정종(定宗, 1357~1419)을 왕위에 앉혔다. 졸지에 두 아들을 잃은 이성계는 왕위를 물려주고 상왕(上王, 생존해있는 임금이 왕위를 후대에게 넘겨준 경우, 물러난 임금을 가리키는 말)이 되었다. 하지만 사태는 여기서 끝나지 않았다. 이번에는 다음 임금 자리를 놓고 넷째 아들 방간(芳幹, ?~1421)이 동생 방원에게 도전해 제2차 왕자의 난(1400)을 일으켰다.

여기서도 방원이 승리하자 정종은 방원을 임금으로 임명하고 상왕으로 물러났고, 이성계는 자연스럽게 태상왕太上王이 되었다. 하지만 방원의 칼부림에 진절머리가 난 이성계는 옥새(玉璽, 나라를 대표하는 옥으로 만든 도장)를 들고 함흥으로 떠나버렸다.

그 뒤 이성계는 오랜 친구이자 건국 동지였던 무학 대사(1327~1405)의 설득으로 서울 땅을 다시 밟는다. 태종은 아버지를 모셔오기 위해 여러 번 함흥으로 차사差使를 보냈는데 무학 대사가 이성계를 찾은 마지막 '함흥차사' 였다. 항간에 나돌던 이야기에 따르면 태종에게 몹시 화가 나있던 이성계가 차사들이 오는 족족 화살로 쏘아 죽였다고 한다. 그래서 무슨 일을 하러 가서는 연락도 없이 돌아오지 않는 사람을 '함흥차사' 라 일컫게 되었다.

하지만 임금의 아버지라고 해서 사람을, 그것도 임금의 사신을 함부로 죽일 수 있었을까? 19년 동안의 태종 재위 기간을 기록한 《태종실록太宗實錄》에는 태종이 여러 차례 차사를 보냈다는 말은 있어도, 그들이 이성계에게 죽임을 당했다는 언급은 나오지 않는다.

다만 함흥차사 중에 한 명이었던 박순(朴淳, ?~1402)이 함경도에서 목숨을 잃었다는 기록이 있기는 하다. 조선 건국에 크게 기여한 장군인 박순은 이성계를 설득하겠다며 함흥차사를 자청했다. 야사(野史, 민간에서 사사로이 기록한 역사)에 따르면 박순은 어미 말과 새끼 말을 일부러 떼어놓고 새끼 말의 슬픈 울음소리를 이성계에게 들려주었다고 한

강력한 군주, 엄한 아비 태조 이성계

태조 이성계는 고려 왕조를 무너뜨리고 새 나라를 건국한 강력한 '왕'이었다. 그런 그도 형제들끼리 목숨을 빼앗는 '왕자의 난' 앞에서는 분노를 감추지 못해, 자신이 태어난 함흥으로 돌아가 버렸다. 한양에서 차사들이 올 때마다 태조가 쏘았다던 활은 누구를 향한 것이었을까?

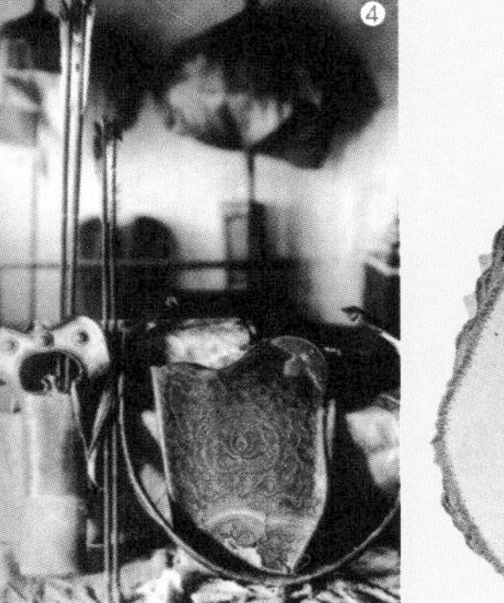

1. 태조 어진　용무늬가 그려진 어좌에 정면을 보며 앉아있는 이성계의 전신상으로, 평상시 집무복인 청색 곤룡포를 입고 있다.

2. 영흥 준원전 전경　태조가 태어난 곳으로, 함경도 영흥 흑석리에 세워져있다.

3. 용비어천가　태조의 조상들을 찬송한 서사시로, 1445년에 완성되었다.

4. 태조의 활과 화살　함흥 본궁에 보관되어있는 유품으로, 태조가 사용했다고 전해진다.

5. 함흥 본궁　태종이 태상왕으로 물러난 뒤 머물렀던 곳이다.

다. 그러고는 부자 간의 정을 생각해서라도 아들을 용서해야 한다고 간청했다. 박순의 정성에 감동한 이성계는 간청을 들어주지는 않았지만 특별히 그를 살려 보냈다. 그러나 측근들의 성화에 못 이겨 결국 "고을 어귀의 강을 건넜거든 그냥 놓아주고 건너지 못했거든 죽여라." 하고 명했다. 부하가 말을 타고 쫓아가 보니 불행하게도 박순은 아직 강을 건너는 중이었고, 끝내는 죽임을 당했다.

하지만 정사(正史, 정통적인 역사 체계에 의하여 서술된 역사)인 《태종실록》에는 박순이 함경도에서 일어난 조사의(趙思義,?~1402)의 반란을 진압하러 갔다가 목숨을 잃었다고 나온다. 만약 이 기록이 사실이라면 박순의 죽음은 왜곡된 셈이다. 어쩌면 함흥차사와 관련된 무시무시한 이야기들도 태종에 대한 이성계의 분노를 사람들이 부풀린 것인지도 모르겠다.

드디어 살곶이벌에서 화해하다

무학 대사의 간청에 못 이긴 이성계가 드디어 한양으로 발걸음을 옮겼다. 함흥에서부터 먼 길을 떠나온 그는 의정부 부근에서 한동안 머물렀다. 그러자 당시 최고 행정기관이던 의정부의 대신들이 이곳까지 찾아와 국정을 논했고, 그때부터 이 지역을 '의정부'라 부르게 되었다는 이야기가 있다. 하지만 이성계가 의정부 부근에 머문 것은 사실일지

몰라도, 대신들이 직접 찾아와 나랏일을 상의했는지는 확실하지 않다. 의정부의 명칭에 대해서는 의견이 분분한데, 그중에는 의정부 일대의 둔전(屯田, 변경이나 군사 요지에 주둔한 군대의 군량을 마련하기 위하여 설치한 토지)을 관리하는 기관의 명칭이 의정부였다는 주장도 있다.

그 무렵 이성계가 머문 장소로 거론되는 곳 가운데 하나가 의정부 인근 도봉산에 위치한 '회룡사回龍寺'다. 이성계와 무학 대사는 조선을 건국하기 전 이 절에서 3년 동안 함께 수도한 적이 있었다. 그 뒤 이성계는 임금이 되었고 무학 대사는 회룡사에 남았다. 그래서 '왕이 돌아왔다'는 뜻에서 이 절을 '회룡사'라 부르게 되었다고 한다. 또는 함흥에서 돌아온 이성계가 잠시 들른 것을 기념해 '회룡사'라 했다는

태조의 귀환길

왕자의 난을 일으킨 태종에 대한 태조의 미움은 깊었지만, 어렵게 개국한 왕조의 운명 또한 중요한 법. 이성계는 회룡사를 거쳐 중랑천을 따라 한양으로 돌아왔다.

1. 회룡사 2. 중랑천 3. 살곶이벌

이야기도 전한다. 지금의 회룡역이 이 이야기의 배경이다.

의정부에 머물던 이성계는 다시 한양으로 향했다. 당시 의정부는 경기도 양주목(여기서 목牧은 조선 시대의 지방 행정 단위)에 속했다. 도봉산 줄기와 중랑천을 따라 한양으로 가다보면 양주목과 한성부의 북쪽 경계에 이르게 된다. 바로 '성북역' 부근이다. 그런데 왜 사대문에서 멀리 떨어진 이곳을 한성부라 했을까? 한양이라 하면 동대문·남대문 같은 사대문과 도성 안쪽을 가리키지 않는가. 이는 한양 도성을 건설할 때 '성저십리城底十里'라 하여 성곽에서 10리(1리는 약 0.4킬로미터임) 정도 떨어진 지역까지를 한성부의 행정구역으로 삼았기 때문이다. 이렇게 해서 한성부는 중심부와 동서남북, 이렇게 모두 5부로 나뉘게 되었다. 지금의 성북역·청량리역·제기동역을 거쳐 동대문역에 이르는 지역이 동부에 속했다.

현재 회기역에서는 청량리역에서 동대문역 방면으로 가는 지하철 1호선 본선과, 청량리역에서 왕십리역으로 가는 중앙선이 나뉜다. 여기서 왕십리 쪽으로 방향을 틀어야 하는데 그 까닭은 그곳에 이성계와 이방원에 얽힌 재미있는 옛 이야기가 있기 때문이다. 이방원이 지하철 2호선에서 가까운 왕십리 근방 뚝섬으로 아버지를 맞으러 갔다는 것이다.

왕십리는 앞서 등장한 무학 대사와 이성계의 추억이 서린 곳이다. 풍수지리에 일가견이 있던 무학 대사는 이성계의 부탁으로 새 도읍지를 정하기 위해 답사를 떠났다. 왕십리 부근을 헤매던 그는 한 노인을 우연히 만나게 되었다. 무학 대사는 도읍으로 어디가 적당한지를 물었고, 노인은 "여기서 10리만 더 가면 안성맞춤인 자리가 있소."라고 일러주었다. 노인이 말한 곳을 찾아가 보니 과연 명당이 틀림없었다. 무학 대사는 그 자리를 궁궐 터로 추천했다. 그리고 노인을 만났던 곳에는 '여기서부터 무학 대사가 10리를 갔다.'는 뜻의 '왕십리往十里'라는 이름이 붙었다.

왕십리를 지난 이성계는 뚝섬에 도착했다. 그곳에는 태종이 대소 신료들을 거느리고 마중을 나와있었다. 하지만 이성계는 아들을 보자마자 대뜸 활을 꺼내 들었다. 그는 고려 무장 시절부터 소문난 명궁이

태조와 태종이 만났다고 하는 살곶이벌

돌아온 '임금' 태조와 비정한 '임금' 태종이 맞닥뜨렸다는 전설을 간직한 뚝섬. 태조가 쏜 화살이 꽂혔다고 알려진 곳은 '살곶이벌'이라 불렸고, 성종 때 근처에 '살곶이 다리'가 만들어졌다.

"내가 이래 봬도 고려의 명궁이었다구,
실수가 아니라 일부러 빗맞힌 거야!"
살곶이벌의 전설
이성계는 형을 죽이고 왕위에 오른 아들에게
정말로 화살을 겨눈 비정한 아버지일까?
이 이야기는 태조와 태종 사이에
갈등이 얼마나 컸었는지를 잘 말해준다.

었다. 이성계가 활 시위를 당겼을 때, 분명 뚝섬 벌에는 팽팽한 긴장이 흘렀을 것이다. 그러나 화살은 태종을 향해 날아갔지만 그를 맞히지는 않았다. 만약 이 이야기대로 이성계가 태종을 향해 화살을 쏘고 빗맞힌 것이 사실이라면, 실수라기보다는 '화해의 제스처' 였을 것이다.

그 뒤 뚝섬은 '화살이 꽂힌 벌판' 이라는 뜻에서 '살곶이벌' 이라 불렸고, 지금도 '살곶이 다리' 가 남아있다. 이러한 우여곡절을 겪으며 간신히 아버지의 인정을 받은 태종은 공신 세력에 휘둘리던 왕권을 되찾고, 이를 강화하는 데 앞장선 임금으로 평가받고 있다.

태종은 고위 관리들이 모여 국사를 의논하는 도평의사사都評議使司를 없애고 의정부를 설치했으며, 임금에 대한 조언을 담당하는 기관을 사간원司諫院으로 독립시켰다. 그리고 1405년에 '육조六曹 강화 정책' 을 실시해 육조 장관의 품계를 정2품 판서로 높이고, 1414년에 '육조 직계제' 를 실시해 국정 체제를 '임금과 육조' 중심으로 개편했다. 그뿐 아니라 사원전(寺院田, 절이 소유하고 있는 땅)을 몰수하고 노비 제도를 정비하는 등 중앙집권의 터를 닦았다.

태종의 이러한 업적들은 뒷날 아들 세종(世宗, 1397~1450)이 선정을 펼칠 수 있는 토대가 되었다. 이만하면 '피도 눈물도 없이' 왕위 쟁탈전을 벌인 태종에 대한 이성계의 노여움도 조금은 누그러지지 않았을까 싶다.

그런데 덧붙이자면, 이성계 부자가 뚝섬에서 화해를 하고 다시 만

태종이 건설한 조선의 새로운 궁궐, 창덕궁
경복궁이 국가적 의식을 담당한 것과 달리, 실제 조선의 왕들은 대부분 이곳에서 정사를 돌보았다. 사진은 창덕궁의 인정전으로, 마당에는 신하들의 서열을 나누는 품계석이 서있다.

났다고 전해지는 1402년에 한양은 조선의 '도성'이 아니었다. 제1차 왕자의 난 직후 왕위에 오른 정종은 형제들의 피가 뿌려진 경복궁景福宮을 싫어했다. 그래서 즉위한 이듬해인 1399년, 도성을 고려의 옛 도읍인 개경으로 옮겼다. 태종이 정종에게 왕위를 물려받은 장소도 개경이었다.

그러나 이성계는 자신의 손으로 건설한 한양이 찬밥 신세가 되는 모습을 볼 수 없어 태종에게 한양으로 다시 옮기라고 재촉했다. 태종은 아버지의 뜻을 받아들였지만, 한양으로 돌아가기에 앞서 경복궁 동쪽에 또 다른 궁궐인 '창덕궁昌德宮'을 짓기 시작했다. 창덕궁은 임금이 머물거나 집무를 보는 공간으로 마련되었다. 이 같은 이궁二宮 체제는 중국에도 있었다. 하지만 태종이 한양으로 돌아오기 전, 굳이 창덕궁부터 지은 이유는 그 자신도 피비린내가 배어있는 경복궁이 께름칙했기 때문일 것이다. 이렇듯 한양은 형제 간의 비정한 싸움과 부자 간의 팽팽한 긴장 관계 등 핏빛 악몽을 한바탕 겪고 난 뒤인 1405년에야 도성의 지위를 되찾을 수 있었다.

조사의의 반란

태종의 계비인 신덕왕후(神德王后, ?~1396)의 친척이자 문신인 조사의가 태종에게 목숨을 잃은 왕세자 방석의 원수를 갚는다며 1402년 12월에 일으켰다. 조정에서는 박순을 보내 달래보려 했지만, 조사의는 도리어 그를 죽이고 더욱 기세를 올렸다. 하지만 겨울이 되자 사기가 저하된 부하들이 뿔뿔히 흩어져 결국 아들과 함께 관군에게 붙잡혀 처형당했다.

조선의 상업 1번지, 종로를 가다

1호선 종각 – 종로3가 – 종로5가 – 동대문

'십자가'라 불렸던 종로

도성으로서의 한양을 제대로 보기 위해서는 먼저 종각에 가야 한다. 지금의 종각역은 종로 2가에 자리하고 있는데, 이 역 위의 네거리를 '종로 네거리' 라 한다. 종로 3가, 4가, 5가에도 네거리가 있지만, '종로 네거리' 라 하면 대개 종각역 지상을 가리킨다. 이곳에 서서 사방을 둘러보면 그 이유를 금세 알 수 있다. 여기서 동쪽으로 직진하면 동대문인 흥인지문興仁之門에 이르고, 서쪽으로 가면 서대문인 돈의문敦義門에 닿는다. 북쪽으로는 북대문인 숙정문肅靖門이 있고, 남쪽으로는 남대문인 숭례문崇禮門이 있다. 한마디로 사통팔달(四通八達, 길이 여러 군데로 막힘없이 통함)한 도성의 중심지다.

역 이름에서 알 수 있듯이 종각역에는 종을 매달아 두기 위하여 지은 누각이 있다. 바로 종각역 4번 출구로 나가면 마주치는 '보신각普信閣' 이다. 1398년 건립된 종각의 규모는 현재의 보신각보다 훨씬 컸다.

그때의 종각은 정면 5칸, 측면 4칸의 2층 누각이었고, 이름도 종각이 아닌 종루鐘樓였다. 얼마 전 방화로 사라진 숭례문의 크기가 정면 5칸, 측면 2칸이었던 것을 감안하면 원래의 종루 규모가 얼마나 컸는지 미루어 짐작할 수 있다.

어디 숨어있는지 찾아보기조차 힘든 현재의 보신각과 달리 당시의 종루는 종로 네거리를 꽉 채우며 그 위용을 자랑했다. 또 하루 61번씩 울리느라 바쁘기도 했다. 종루 2층에 걸린 종은 매일 밤 10시경에 28번 울리며 통행금지를 알리고, 새벽 4시경에 33번 울리며 통행 재개를 알렸다. 그에 따라 도성의 팔대문八大門이 여닫혔으니, 종루는 '도성 종합 관제 센터' 나 마찬가지였다.

당시 종로 네거리는 '남북으로 난 큰길과 동서로 난 큰길이 엇갈리

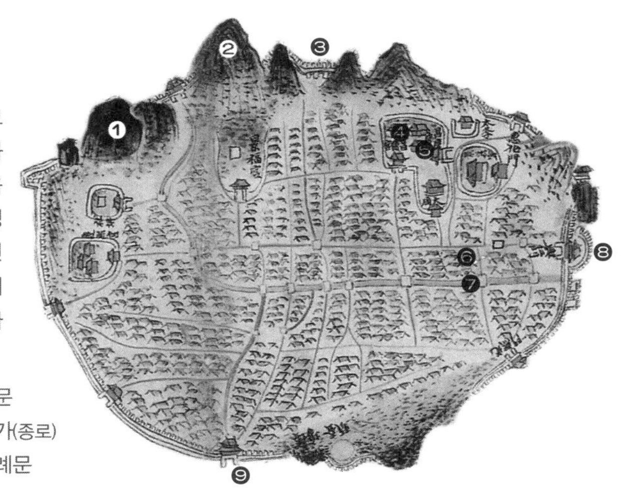

옛 지도로 보는 한양

조선 시대 한양의 지도를 보면, 그때도 '종로' 가 사람과 물자로 넘실대는 도심이었음을 알 수 있다. 동서남북의 성문과 가까워 교통이 편리했던 종로에는 도성 사람들에게 시간을 알리는 보신각이 자리하고 있었다.

1. 인왕산 2. 북악산 3. 숙정문
4. 창덕궁 5. 창경궁 6. 운종가(종로)
7. 청계천 8. 흥인지문 9. 숭례문

는 거리' 라는 뜻으로, '십자가十字街' 라 불리기도 했다. 그리고 이곳에서 사대문으로 통하는 길을 '종로鐘路' 나 '종길' 이라 일컬었다. 이때의 '종로' 는 십자가에서 남북으로 뻗은 지역을 모두 포함한다.

그런데 이처럼 사통팔달인 교차로에 종루처럼 거대한 누각이 있다면 통행에 방해가 되지 않았을까? 당시 종로 일대는 사람들이 구름처

조선의 '종합 관제 센터' 보신각
지금은 한 해의 끝과 시작을 알리는 보신각 종은 조선 시대에는 하루 동안의 통행 금지와 재개를 알렸다. 한양 사람들의 하루를 관장하는 중요한 기준이었던 셈이다. 그만큼 위상도 남다른 법, 지금도 보신각에서는 무관인 수문장과 수문군 그리고 승정원 관리와 음악대인 취라척 등이 참여하는 화려한 수문장 교대식을 재현하고 있다.

청계천으로 달맞이 가세

인왕산과 북악산에서 시작된 청계천은 생활용수를 공급해주는 것은 물론이고, 아름다운 경관으로 팍팍한 한양살이에 기쁨을 주었다.

조선 시대 화가 임득명은 〈가교보월 街橋步月〉에서 보름달이 뜬 날 밤, 아이들이 광통교로 나와 달맞이하는 모습을 담았다. 간결한 선으로 표현된 다리와 청계천이 보이고 휘영청 달이 밝다. 광통교는 태종 10년에 건설된 청계천 다리로, 어가와 사신 행렬이 지나는 주된 통로이기도 했다.

럼 몰려든다고 해서 '운종가雲從街'라는 이름이 붙을 정도로 붐볐다. 그래서 태종의 아들인 세종은 1440년에 종루를 대대적으로 뜯어 고쳤다. 누각의 아랫부분을 십자 모양으로 뚫어 사람과 마소가 통행할 수 있도록 했던 것이다. 그리하여 종로는 더욱더 많은 사람들로 북적이게 되었다.

청계천과 함께 흐르는 조선의 물자

종각역이 종로의 시작이라면 종로의 끝에는 동대문역이 있다. 그 동대문역의 6번 출구로 나가면 이성계가 직접 지휘해 쌓았다는 흥인지

흥인지문의 어제와 오늘

이성계가 직접 진두지휘해 쌓은 한양의 동문이다. 차로로 둘러싸인 현재와 달리, 20세기 초에 촬영한 사진에는 갓을 쓴 선비와 우마차가 자유롭게 오가고 있다.

문이 눈앞에 나타난다. 지금은 '흥인지문'이라고 쓰여 있지만 초기에는 다른 대문처럼 세 글자인 '흥인문'이었다. 당시 한양의 도성은 흥인지문을 비롯한 팔대문과 북악산, 남산 등지를 타고 도는 18킬로미터 길이의 성벽으로 둘러싸여 있었다.

지금의 종로는 도로 양쪽에 콘크리트 고층 빌딩을 끼고 있지만, 조선 시대에는 맑은 하천이 흘렀다. 북악산과 인왕산에서 내려온 맑은 물이 창덕궁과 경복궁 사이 곳곳을 누비며 종로 양쪽과 청계천으로 흘러내렸다. 이 냇물은 현재 '전통 문화의 거리'라 불리는 인사동 골목으로도 흘렀다. 아마도 본래의 종로는 길 사이로 시원한 냇물이 흐르는 아름다운 모습이었을 것이다.

한편 태종은 이 길을 따라 냇물뿐 아니라 물자도 함께 흐르도록 했다. 종루를 종로 네거리에 설치할 무렵, 태종은 대대적인 시가지 정비를 지휘하고 있었다. 사업의 핵심은 종로 일대의 시장을 정리하는 일이었다. 태종은 종로 양쪽에 행랑을 짓고 장사꾼들에게 점포로 빌려주게 했다. 이런 관영 점포들을 시전市廛이라 했는데, 이는 개경에 조성되어있던 시전 거리를 본떠 만든 것이었다. 시전 상인들은 점포를 빌리는 대신 돈이나 물품을 관청에 바쳤다. 이것을 국역이라 했고, 국역을 많이 부담하는 여섯 개의 시전을 '육의전六矣廛'이라 했다.

그전까지 한양에는 상업 활동에 대한 별다른 규제가 없었다. 하지만 시전이 조성되자 이제는 그곳에서만 상거래를 해야 했다. 특히 태종 당시에는 '일물일전一物一廛'이라 하여 한 점포에서 한 가지 물건만 사고팔도록 했다. 예를 들어, 어물은 지금의 종로 2가 5번지에서, 무명은 종로 1가 127번지에서, 주단(명주와 비단)은 공평동에서만 파는 식이었다.

하지만 이러한 시전 체제는 물자의

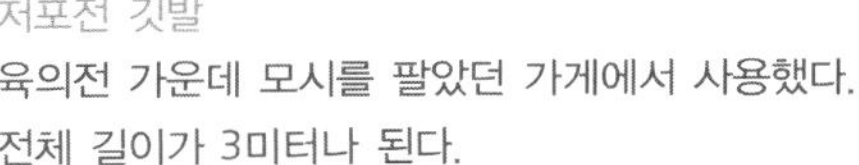
저포전 깃발

육의전 가운데 모시를 팔았던 가게에서 사용했다. 전체 길이가 3미터나 된다.

“난전은 썩 물렀거라!”

조선 시대 한양의 시장 거리

한양은 팔도의 사람과 물자가 몰려드는 활기 넘치는 도시였다.
하지만 육의전 상인만 상업 활동이 가능했으며
난전을 규제할 수 있었다. 그러나 흐르는 물을 어찌 막을까?
18세기에 이르러 금난전권은 폐지되기에 이른다.

자유로운 흐름을 방해하기도 했다. 제도적으로는 시전만 상업 활동이 가능했지만, 실제로는 허가받지 않은 '난전亂廛'의 상업 활동도 활발했다. 그러자 조선 후기에 가서는 육의전과 몇몇 시전 상인에게 이들 난전을 직접 규제할 수 있는 '금난전권禁亂廛權'이 주어졌다. 머리나 등에 채소와 생선을 이고 진 채, 이 골목 저 골목 팔러 다니는 행상도 난전에 속했다.

문제는 한양 사람 상당수가 이러한 행상으로 먹고살았다는 데 있다. 조선이 농업을 근본으로 삼는 나라였지만, 한양은 예외였다. 도성 안은 원칙적으로 경작이 금지되었기 때문에 벼슬아치나 노비가 아닌 양인은 대부분 장사로 생계를 꾸렸다. "한양은 돈으로 생업을 삼고, 팔도는 곡식으로 생업을 삼는다."라는 말까지 나올 정도였다. 그런데 행상을 난전으로 규정하고 이를 규제할 권리를 시전 상인에게 몰아주었으니, 가난한 사람들은 죽으라는 소리나 다름없었다. 하지만 조선 후기로 갈수록 점점 더 많은 사람과 물자가 도성 안으로 쏟아져 들어왔고, 시전 상인한테만 허락된 상거래의 자유는 잘 지켜지지 않았다.

18세기가 되자 곳곳에 대규모로 들어선 '난전'이 공공연히 시전과 경쟁을 벌였다. 종로5가역과 종로3가역 사이에 있던 '이현梨峴', 시청역과 서울역 사이에 있던 '칠패七牌'가 대표적인 난전이었다. 동대문시장의 전신前身이 되는 이현은 왕십리와 제기동 일대에서 나는 미나리와 동대문 운동장 부근에서 재배한 배추 등의 채소로 유명했고, 남대문 시장의 전신인 칠패는 마포麻浦·서강西江 등지의 한강 나루를 거쳐 들어오는 생선으로 유명했다.

이처럼 하루가 다르게 발전하는 상업을 더 이상 금난전권으로 옥죌 수 없다는 목소리가 높아지자, 정조는 1791년에 '신해통공辛亥通共'이라는 조치를 내렸다. 난전을 공식적으로 허용한 이 법령으로 상업 도시 한양은 '경제의 동맥 경화 상태'에서 벗어나게 되고, 이러한 변화는 점점 도성 밖으로 퍼져 나갔다. 바야흐로 한양의 생기가 온 국토에 숨을 불어넣기 시작했다.

시장 구경 갑시다!

플랫폼 박물관

"엿 하나 주세요!", "옜다, 하나는 덤이란다!" 한양 시장터에는 활기가 넘쳤다. 처음에는 나라에 필요한 물품을 공급하는 육의전 중심이었지만, 종로 곳곳에 난전이 생기면서 물건을 사고파는 이들이 많아졌다. 시장이 발달하고 화폐가 유통되면서 한양은 상업의 중심지로 거듭났다.

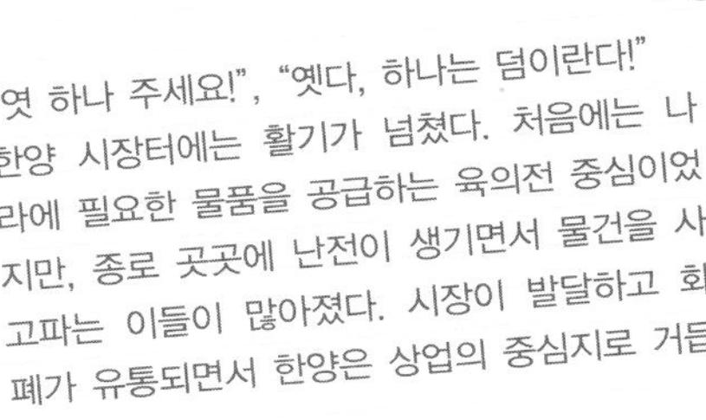

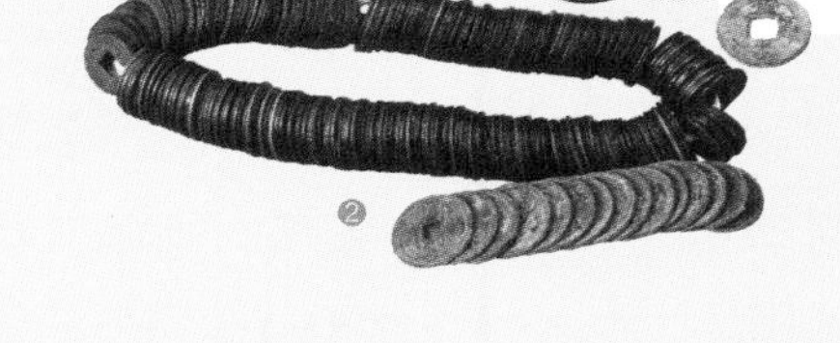

1. 김준근이 재치 있게 그려낸 엿장수와 아이 엄마에게 모처럼 얻은 돈으로 아이는 달콤한 엿을 사러왔다.
2. 인조 때 주조한 상평통보常平通寶 현재 물가로 따지면, 상평통보 100개에 해당하는 1냥이 2만 원가량이다.
3. 광화문까지 나온 나무장수 당시에는 나무가 땔감의 주원료였다. 소 등에 땔감을 가득 싣고 나온 나무장수의 표정에는 하루 벌이에 대한 기대가 엿보인다. 1900년대 사진.
4. 육의전의 옛 모습 나라에 필요한 물품을 공급하면서 상업 활동의 독점권을 인정받은 그들은 대개가 한양에서 알아주는 부자들이었다.

정조와 함께 떠나는 화성 행차

1호선 노량진 – 시흥 – 광명 – 안양 – 의왕 – 성균관대 – 화서 – 수원 – 세류 – 병점

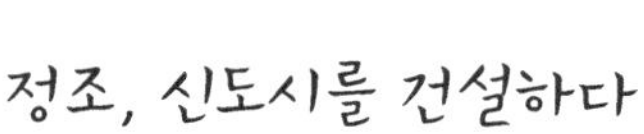

정조, 신도시를 건설하다

때는 1795년 봄, 황금 갑옷을 입고 말을 탄 중년의 사내가 무려 1,700여 명이 넘는 사람들을 이끌고 배다리를 건너고 있었다. 바로 사도세자(思悼世子, 1735~1762)의 아들 정조(正祖, 1752~1800)다. 당시에는 지금의 한강 철교와 한강 대교 사이에 배다리가 쭉 뻗어있었는데, 이것이야말로 남쪽으로 기세가 확대되는 한양의 모습을 보여주는 상징물이다. 배다리는 이름 그대로 수많은 배를 잇대어 놓고 그 위에 널빤지를 얹어 사람들이 지나갈 수 있게 만든 다리로, '주교舟橋' 라고도 한다.

지금부터 우리는 정조와 함께 서울 지하철 1호선과 국철 노선을 따라 전통의 도시 수원으로 갈 것이다. 태조 이성계가 조선을 건국한 지 어언 400년, 한때 임진왜란과 병자호란으로 위기를 겪기도 했던 조선은 정조 대代에 이르러 완연히 되살아나 문화의 절정기를 이루었다. 수원으로 가는 정조의 행렬은 바로 그러한 조선 시대의 정점으로 향하는 길이기도 했다.

조선의 르네상스를 열었던 정조는 영조(英祖, 1694~1776)의 손자였다. 원래는 정조의 아버지이자 영조의 맏아들인 사도세자가 왕위를 계승할 예정이었지만, 그는 영조와 잇따른 갈등을 빚은 끝에 뒤주(곡식을 담는 세간) 속에 갇혀 죽임을 당하는 비운의 주인공이 되고 말았다.

영조는 궁궐 안에서 허드렛일을 하는 무수리 출신의 어머니(숙빈 최씨)를 둔 까닭에 재위 내내 정통성 콤플렉스에 시달렸다고 한다. 그의 선왕先王이었던 경종(景宗, 1688~1724)은 영조의 어머니와 앙숙 관계이던 희빈 장씨(禧嬪張氏, ?~1701)의 아들로, 시름시름 앓다가 젊은 나이에 병사하고 말았다. 만약 경종이 일찍 죽지 않았다면 이복동생인 영

우리 임금님은 효성도 지극하시지

《원행을묘정리의궤》 중 〈반차도〉. 왕실의 행사를 세세하게 기록한 의궤儀軌에 담긴 화성 행차의 모습이다. 오른쪽의 병졸들이 들고 있는 것이 행차의 화려함을 더해준 용기龍旗이고, 왼쪽 그림이 정조의 가마다. 하지만 실제로 정조는 어머니 뒤에서 말을 타고 갔다. 이 〈반차도〉 그림은 한영우 교수가 역사 기록을 바탕으로 새롭게 채색한 것이다.

노량진 다리를 건너는 어가 행렬 화성 행차에는 모두 6,000명이 참여했는데 그중 1,700여 명이 어가 행렬을 따랐다. 이렇듯 많은 인원이 한번에 한강을 건널 수 있는 배다리는 48척의 배로 만들어졌다. 다리 설계에는 정조도 직접 참여했다고 한다. 〈정조대왕 능행도〉 8폭 병풍 중 〈노량주교도섭도鷺梁舟橋渡涉圖〉.

조가 왕위에 오르기는 어려웠을 것이다.

그러자 궁궐 안팎에서는 영조의 어머니가 경종을 독살했다는 소문이 퍼졌다. 이런 의혹과 정통성 콤플렉스에 시달리던 영조는 기행奇行을 일삼아 신하들의 입방아에 오르내리는 사도세자가 못마땅했을 것이다. 아버지가 아들을 뒤주에 가둬 죽인다는 것은 상상조차 하기 힘든 끔찍한 일이다. 그런데도 영조가 그러한 선택을 한 이유는 세자의 자격에 시비를 거는 신하들의 공세로부터 왕권을 지키기 위해서였다.

이러한 상황에서 정조는 사도세자의 부인, 곧 자신의 어머니인 혜경궁 홍씨(惠慶宮 洪氏, 1735~1815)와 그 가문의 노력 덕분에 할아버지의 뒤를 이어 왕위에 올랐다. 그는 억울하게 죽은 아버지와 눈물로 살아온 어머니에 대해 지극한 효심을 보였고, 이를 권력의 지렛대로 삼았다. 정조가 거대한 행렬을 거느리고 향한 곳은 바로 사도세자의 무덤인 융릉이 있는 수원 유수부였다. 사도세자의 무덤은 본래 경기도 양주에 있다가 최고의 명당자리로 알려진 화성 부근으로 옮겨졌다. 그 뒤로 효자인 정조는 해마다 연례 행사처럼 이곳을 방문했다. 정조는 당시 교통의 요지이자 아버지의 무덤이 있는 수원에 전통 건축 기술을 총동원해 '신도시'를 짓고 그 이름을 화성華城이라 했다.

정조가 행차를 떠날 즈음, 화성은 완공을 앞두고 있었다. 정조는 아버지 무덤에 참배하고 화성 행궁에서 어머니의 회갑연을 치를 겸 해서 노들 강변에 가설된 배다리를 건넜다. 이 배다리는 정조가 직접 참관한 가운데 배 48척을 동원해 11일 만에 완성한 작품이었다. 이렇게 단시간에 배다리를 건설한 것은 처음이었으니, 우리나라 과학 기술사의 한 페이지를 장식하는 대사건이라 해도 지나치지 않을 듯하다.

죽은 아버지를 기리고 살아계신 어머니를 위로하기 위해 정성을 다한 정조는 이 배다리를 건너며 속으로 신하들에게 이같이 말하지 않았을까?

"내 이토록 끔찍이 우리 부모를 섬기니 너희는 왕실의 정통성에 대해 어떠한 시비도 걸지 마라."

지지대 고개에서 효자 왕이 부르는 노래

화성 행차는 그 어떤 행차보다 규모가 크고 화려했다. 오색 깃발을 든 수백 명의 기병과 115명이나 되는 기마 악대가 흥을 돋우며 행진했다. 행차할 때는 어가御駕가 한가운데를 지나고 그 뒤를 혜경궁 홍씨의 가마가 따르는 게 마땅했지만, 효자인 정조는 어머니 뒤에서 말을 타고 갔다. 그리고 행차가 쉴 때마다 문안 인사를 드렸다고 한다.

어가 행렬은 11시쯤 배다리를 건너 노량진 행궁에서 점심을 먹고 저녁 무렵 시흥 행궁에 도착했다. 시흥역 옆으로 뻗은 시흥 대로는 정조의 화성 행차 때 새로 닦은 길이다. '시흥'이라는 이름 자체가 '넓게 뻗어 가기 시작한다.'라는 뜻이다.

부모를 모시는 마음이 지극했던 정조는 백성을 섬기는 마음 또한 남달랐다. 정조는 혜경궁 홍씨의 회갑이 음력 6월 18일이었지만 회갑연을 위한 행차는 음력 2월 9일로 잡았다. 농번기를 피해 농민의 부담을 덜어주기 위해서였다. 또 행차를 마치고 귀경 길에 오를 때는 잠시

정조가 그리워한 아버지, 사도세자

뒤주에서 비극적으로 숨을 거둔 아버지에 대한 그리움은 정조가 평생 안고 살아야 할 한恨 같은 것이었다. 정조는 아버지 무덤인 융릉을 온 정성을 다해 가꾸었는데, 무덤에 둘러진 인석의 연꽃무늬는 비할 데 없이 사실적이며, 세자 무덤에는 허락되지 않은 무인석까지 세워놓았다.

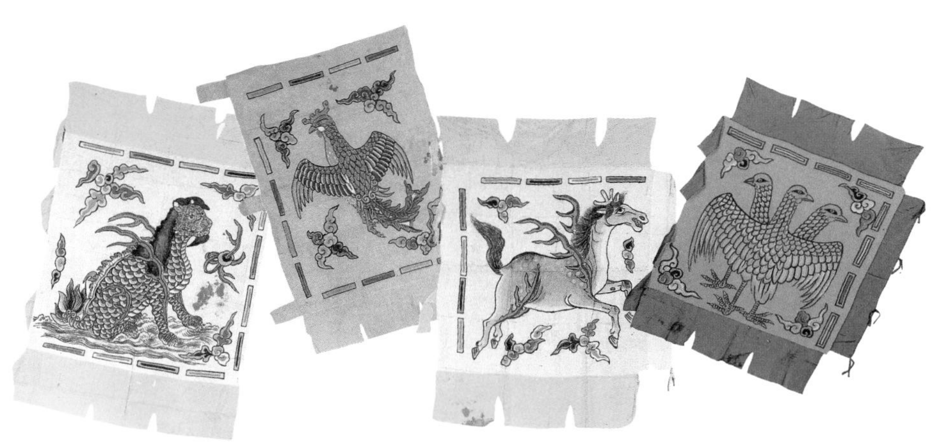

화성 행차의 오색 깃발
군인들이 들고 뒤따랐는데, 그 행렬은 1킬로미터에 이르는 장관이었다. 왼쪽부터 백택기白澤旗, 벽봉기碧鳳旗, 삼각기三角旗, 주작기朱雀旗다. 백택은 만물의 뜻을 꿰뚫는다는 상서로운 동물이고, 벽봉은 푸른 봉황이며, 삼각은 뿔이 셋 달린 말이다. 주작은 남방을 지키는 동물로 일컬어진다.

시흥에 머물며 백성의 고충을 직접 듣기도 했다. 그러다 백성들이 세금이 무겁다고 하소연하면 그 자리에서 환곡(봄에 조정에서 빌려준 곡식 또는 그 제도)을 탕감해주기도 했다. 이처럼 백성이 왕에게 직접 의사를 전달하는 것을 상언上言과 격쟁擊錚이라 하는데, 정조가 화성 행차에 나선 진짜 목적은 여기에 있었다. 신하들을 통하지 않고 직접 백성을 상대하는 '왕민王民 정치' 를 펼쳐 왕권을 강화하겠다는 뜻이었다.

본래 서울에서 수원으로 가는 길은 남태령을 넘어 과천과 인덕원을 거치게 되어있었다. 그런데 1795년 행차 때, 정조는 남태령 길이

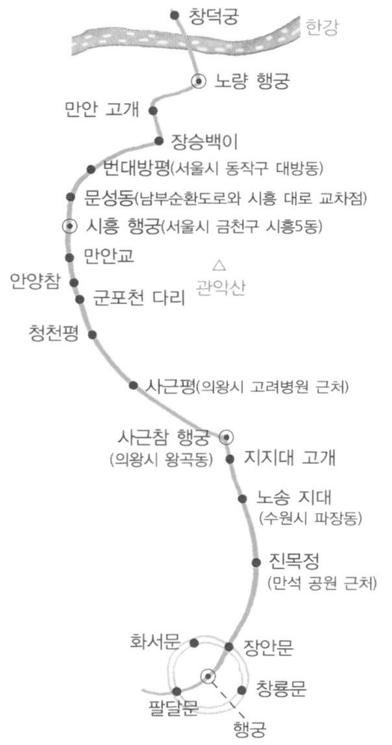

화성 행차의 경로
새벽에 창덕궁을 떠난 어가 행렬은 배다리를 건너 시흥 행궁에서 하룻밤 묵은 뒤 마침내 화성 행궁에 다다랐다. 잠시 쉬어갈 때면 정조는 직접 미음을 들고 어머니를 찾았으며, 날이 궂어 비라도 내리면 병사들이 힘이 들까 염려하기도 했다.

험하다며 새로 닦은 시흥 대로를 고집했다. 이를 두고 어떤 사람들은 정조가 인덕원으로 향하는 도중에 있는 김약로(金若魯, 1694~1753)라는 사람의 무덤을 피하기 위해 과천 길을 거부했다고 말하기도 한다. 김약로가 사도세자의 죽음에 깊이 관여한 김상로(金尙魯, 1702~?)의 형이기 때문이다.

정조가 선택한 시흥 대로에는 안양천 외에도 개울이 많았다. 그래서 다리를 24개나 새로 건설해야 했다. 시흥역 다음의 석수역은 부근에 석공이 많이 살아서 그런 이름이 붙었다고 하는데, 아마도 이들이 대거 동원되어 다리를 지었을 것이다. 관악역과 안양 대교 중간에 있는 '만안교'라는 다리도 이때 설치되었다. 하지만 시간이 지난 지금, 만안교는 바뀐 물줄기 때문에 마른 땅 위에

덩그러니 올라앉아 있다. 정조 행렬은 이 만안교를 건너 수원으로 향했다.

시흥 행궁을 떠난 어가는 의왕역 동쪽에 자리한 '지지대 고개'를 넘어 수원으로 들어갔다. 정조는 아버지의 무덤이 보이는 이 고개에 오르면 마음이 급해져 "왜 이리 더디냐〔지지遲遲〕." 하고 역정을 냈다. 또 참배를 마치고 한양으로 돌아갈 때는 으레 이곳에서 행렬을 멈추게 하고 융릉을 바라보며 "천천히〔遲遲〕 떠나라."라고 말했다고 한다. 능이 멀어지는 게 안타까웠던 것이다. 그래서 '지지대 고개'라는 이름이 생겨났다고 한다. 지금도 고개 위에는 정조의 행차를 기념해 정조의 아들인 순조(純祖, 1790~1834)가 세운 지지대비가 남아있다.

지지대 고개를 넘어 의왕역과 성균관대역을 지나면 화서역이다. '화서역'이라는 이름의 유래가 된 화서문은 화성의 서문西門에 해당한

정조의 눈물겨운 아비 사랑, 지지대 고개
아버지의 비극적인 죽음은 정조에게 고통인 동시에, 성군이 되고자 하는 의지를 불태우게 하는 원동력이기도 했다. 아비가 죽음을 앞두었을 때 할아버지에게 매달려 용서를 빌었던 소년은 신하들을 대거 이끌고 해마다 아버지 무덤을 찾았다. 지지대 고개에 선 그는 아버지의 무덤이 가까워지면 마음이 조급해진 나머지, 행렬이 더디게 움직인다며 원망했고, 돌아갈 때는 차마 발걸음이 떨어지지 않아 머뭇거렸다.

다. 여기서 내려 동쪽으로 가면 수원 화성이 멋진 모습을 드러낸다. 화성은 화서역과 수원역 사이에서 팔달산과 수원천을 끼고 버들잎 모양으로 펼쳐져있다. 둘레는 총 5.7킬로미터, 성벽의 높이는 평지 6미터인 이 거대한 건축물은 세계적으로 우수성을 인정받아 1997년 유네스코 세계문화유산으로 등록되었다.

정조의 행렬은 북문인 장안문을 거쳐 성안으로 들어갔다. 행차 나흘째 되는 날, 정조는 화산花山에 있는 아버지 묘소를 어머니와 함께 참배했다. 혜경궁 홍씨는 죽은 남편의 묘소 앞에서 환갑을 맞은 자기 나이도 잊고 꺼이꺼이 통곡했다고 한다. 그 모습을 지켜본 효자 왕의 뺨에도 눈물이 번졌을 것이다. 그리고 여섯째 날에는 화성 행궁 안의 '봉수당'에서 어머니의 환갑연을 성대하게 치렀다.

한번은 이런 일도 있었다. 아버지 무덤 근처에 서있는 소나무의 잎을 송충이가 갉아먹는다는 소문을 정조가 듣게 되었다. 정조는 당장 송충이를 잡아 오라 명을 내렸고 그 벌레를 씹어 삼켰다고 한다. 그리고

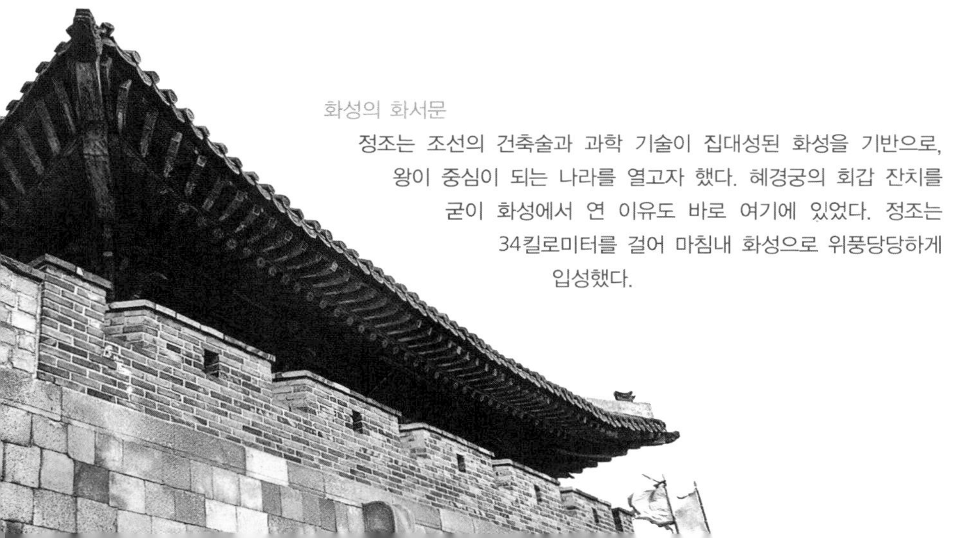

화성의 화서문

정조는 조선의 건축술과 과학 기술이 집대성된 화성을 기반으로, 왕이 중심이 되는 나라를 열고자 했다. 혜경궁의 회갑 잔치를 굳이 화성에서 연 이유도 바로 여기에 있었다. 정조는 34킬로미터를 걸어 마침내 화성으로 위풍당당하게 입성했다.

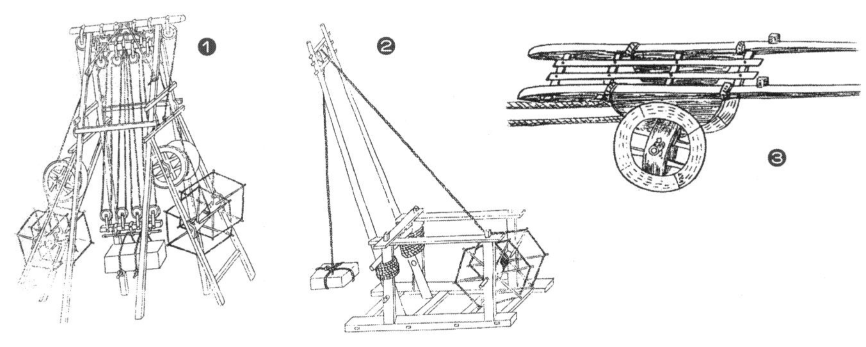

화성 축조 당시의 첨단 기기들
본래 화성의 공사 기간은 8년 예정이었지만 첨단 과학 기술을 응용해 2년 반 만에 완공되었다. 녹로는 도르래, 유형거는 수레의 일종이다.
1. 거중기 2. 녹로 3. 유형거

는 "네가 아무리 미물인 버러지이기로서니 그 산의 솔잎을 어찌 갉아먹을 수 있느냐? 차라리 내 오장을 먹어라!" 하고 소리쳤다는 것이다. 이 모습을 본 신하들이 어찌 정조와 왕실을 우습게 여겼으랴.

수원역에 가까운 화성의 남문은 팔달문八達門이다. 그 앞의 도로 사정은 이름 그대로 사통팔달이다. 정조는 남문에 이러한 이름을 붙이며 조선의 국운과 왕실의 위엄 역시 사방으로 뻗어 나가기를 염원했을 것이다. 마치 그 뜻을 알기라도 하듯, 오늘날 서울 지하철 1호선과 이어진 국철은 수원역에서 끝나지 않고 세류역과 병점역을 지나 저 아래 천안까지 승객과 물자를 실어 나르고 있다.

18세기 조선 건축의 위대함을 보여주는 화성

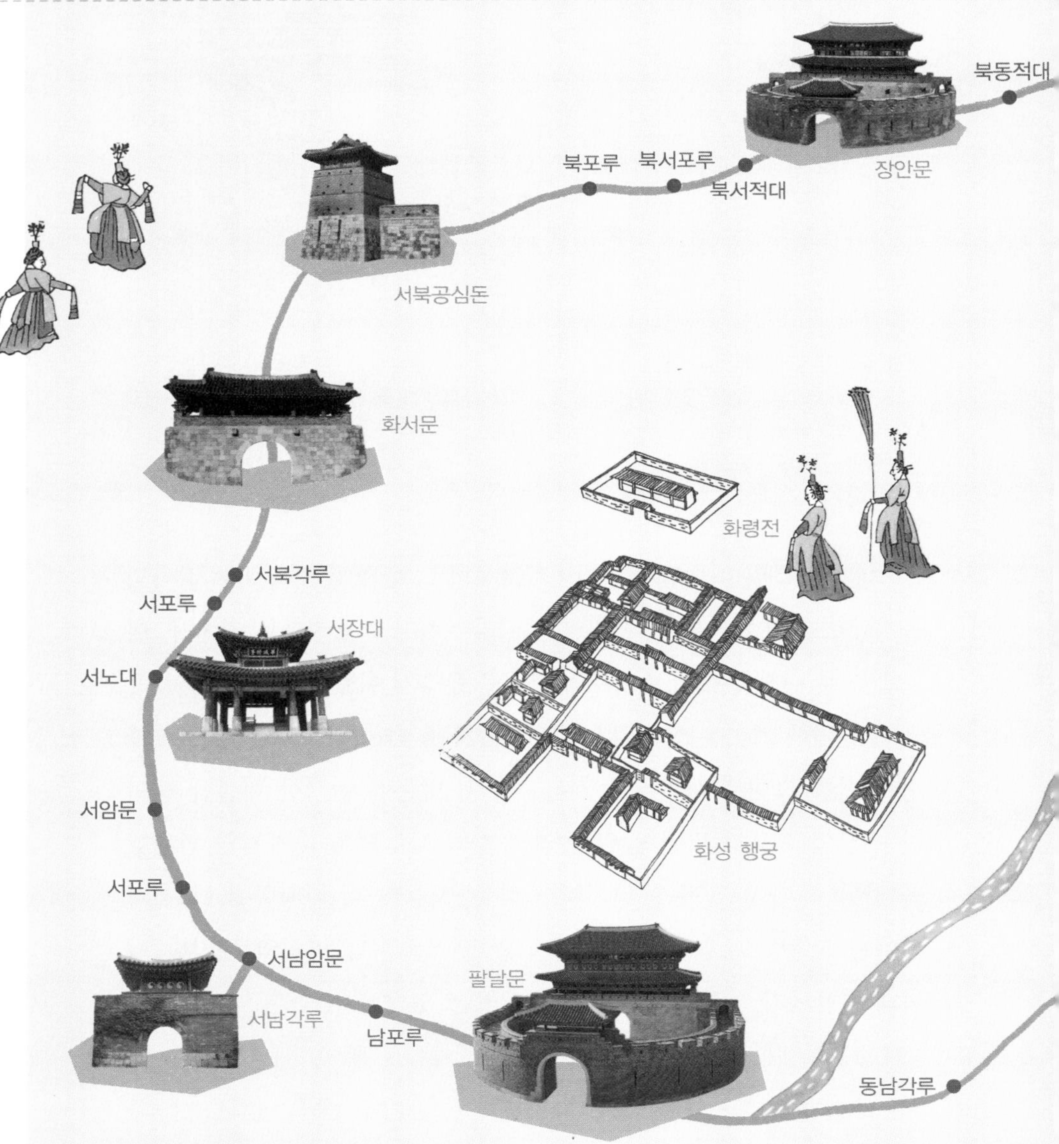

플랫폼 박물관

아버지 무덤 근처인 팔달산 아래 정조의 꿈이 담긴 화성이 섰다. 정약용이 설계하고, 채제공·조심태 같은 신하들이 충심을 다해 만든 화성은 18세기 조선의 위상을 대표한다. 정조는 화성을 중심으로 "집집마다 부유하고, 사람마다 화락하는 낙원 도시"를 만들고자 했다.

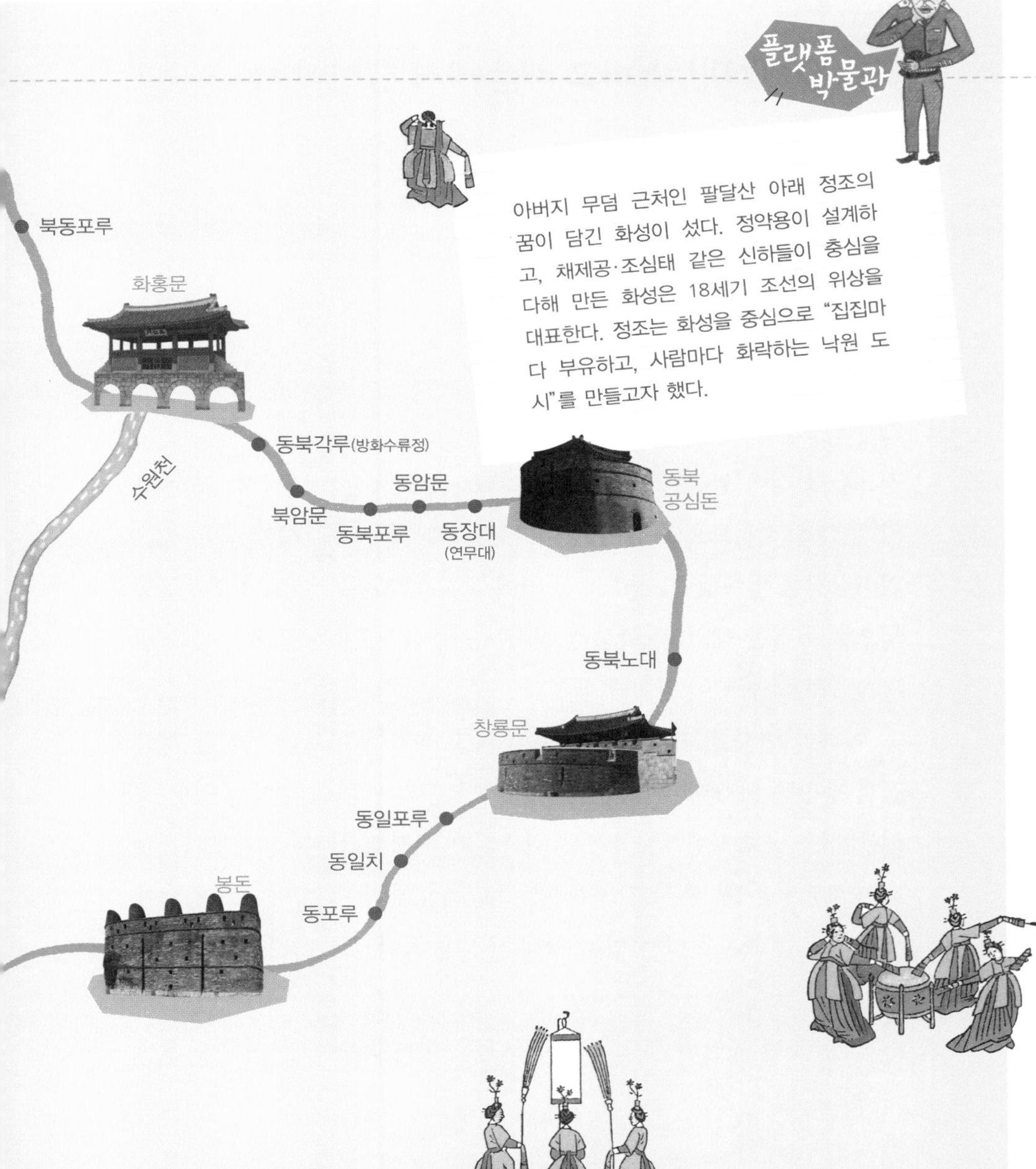

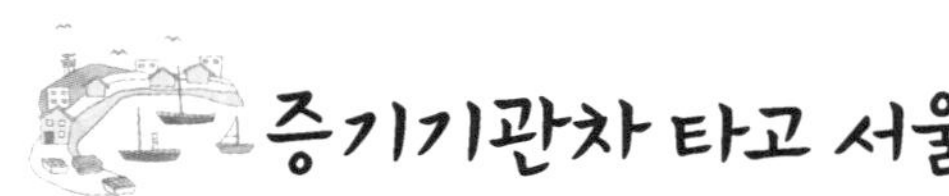

증기기관차 타고 서울에서 인천까지

1호선 서울역 – 노량진 – 역곡 – 제물포 – 인천

경인선, 침략의 길을 달리다

정조는 화성이 완공된 지 4년 만인 1800년에 세상을 떠났다. 조선 후기 문화를 절정으로 이끌던 왕이 19세기가 시작되던 해에 죽은 것은 의미심장한 일이었다. 정조가 왕위에 오른 1776년은 미국이 민주공화국으로 독립한 해였고, 화성을 짓기 시작한 1789년은 근대의 문을 활짝 연 프랑스혁명이 일어난 해였다.

이러한 변화를 거친 유럽과 미국은 19세기에 이르러 세계를 향해 점점 팽창해 나갔다. 하지만 18세기에 부흥의 기치를 높이 들었던 조선은 정조가 승하한 뒤 급격히 위축되기 시작했다. 몇몇 세도가(勢道家, 정치상의 권세를 휘두르는 사람 또는 그런 집안)들이 어린 나이로 왕위에 오른 순조를 보호한다는 명분 아래 국정을 독단적으로 이끌었기 때문이었다.

장장 60년 동안의 세도 정치는 조선을 회복할 수 없을 만큼 낙후된

나라로 만들었다. 권력이 일부 가문에 집중되면서 사회는 경직되고 경제는 피폐해졌으며 백성은 좌절했다. 1863년 고종(高宗, 1852~1919)의 즉위와 더불어 실권을 잡은 흥선대원군(興宣大院君, 1820~1898)이 정조 때의 왕민 정치를 부활시키려 했지만 해는 이미 서산으로 기운 후였다.

그러는 동안 유럽과 미국은 청나라와 일본을 무릎 꿇리고 조선의 코앞까지 다가왔다. 세계의 변화를 읽는 안목이 없었던 흥선대원군은 나라의 문을 걸어 잠갔다. 하지만 그가 물러난 뒤, 일본은 1876년 불평등 조약인 강화도 조약을 강요해 조선의 문을 열었다. 그리고 20여 년 뒤 인천역에서 서울역까지 42킬로미터에 이르는 철로를 깔아 경인선을 달리게 했다.

18세기 무렵, 정조가 서울과 수원 사이에 새로 닦은 시흥 대로가 조선왕조의 부흥을 다지는 길이었다면, 그로부터 100년 뒤 일본이 서울과 인천 사이에 놓은 경인선은 일본 제국주의가 침투하는

거센 개항의 요구 앞에 선 흥선대원군
60년 동안의 세도 정치를 끝내고 권력을 차지한 그는 이른바 '쇄국정책'을 통해 외세의 침략을 막아내려 했다. 그러나 이는 조선을 더욱 고립시키고 세계사의 흐름에서 뒤처지게 만들었다.

'침략의 길' 이었다.

1900년 11월 12일, 서울부터 인천까지의 전 구간이 완성된 경인선 개통식이 남대문 정거장에서 열렸다. 이날 개통식에는 철도 건설의 주체인 경인 철도 회사의 사장 시부자와 에이이치澁澤榮一와 주한 일본 공사 하야시 곤스케林權助, 주한 러시아 공사 파블로프A. Pavloff, 주한 청국 공사 서수붕徐壽朋, 대한제국 외교 대신 박제순(朴齊純, 1858~1916) 등 국내외 귀빈 500여 명이 참석했다. 이 개통식에서 시부자와 사장은 이렇게 말했다.

> 철도는 황야를 개척하고 물산을 증식하고 상업을 통하게 하며, 국가를 부강하게 합니다. 하물며 대한국과 같이 대륙의 일단을 점하여 해양에 돌출하고 토양이 기름지고, 바다와 육지의 천연자원이 풍부한 나라에서야 더 말할 나위가 없습니다. 장래 철도 부설은 동서를 연결하고 남북을 통하여 변방의 멀리 떨어진 외진 곳까지 이르고, 안으로는 부의 자원을 개척하고 밖으로는 우리 일본을 비롯하여 각국과 활발히 통상할 것임을 깊이 믿어 의심치 않습니다.

여기서 시부자와 사장이 말하는 '대한국', 곧 '대한제국'은 1897년부터 사용되던 조선의 새로운 이름이다. 1897년 고종은 우리나라가 황제의 다스림을 받은 독립국이라는 사실을 강조하기 위해, 나라 이

서울과 인천을 잇는 기차의 등장
위 사진은 일본인을 위한 조선 관광 엽서로 왼쪽부터 인천항·인삼 농장·용산역을 소개하고 있다. 왼쪽 아래는 경인선 개통으로 용산과 노량진 사이에 놓인 한강 철교. 한강 최초의 다리였다. 오른쪽 아래 사진은 증기기관차의 조립을 마치고 촬영했다.

름을 '대한제국'으로 바꾸고 초대 황제에 올랐다. 그러나 시부자와 사장의 연설에는 대한제국을 독립국으로 존중하기보다는 일본의 근대 교통수단을 후진국에 전수한다는 우월감이 깔려있었다. 그 뒤 일본은 경부선·경의선을 잇따라 건설해 대한제국을 대륙 침략의 교두보로 재편해 나갔다.

본래 지금의 서울역 자리에 있었던 남대문 정거장은 33제곱미터짜리 2층 목조 가건물이었다. 당시 경인선의 서울 종점이던 '서울역'은 남대문 정거장이 아니라 지금의 이화 여자 고등학교 자리에 위치해있던 서대문 정거장이었다. 경인선은 이 서대문 정거장을 출발해 남대문 정거장을 지나, 한강 철교와 노량진 정거장을 건너 인천을 향해 달려나갔다.

애당초 일본 정부는 남대문 정거장 부지로 현재의 국회의사당의 2배가 넘는 땅(330,590평방미터)을 요구했다. 그러나 남대문 정거장 주변에는 민가와 공원묘지 등이 많았고 황제가 수원에 행차할 때 사용하던 길도 있었다. 대한제국 정부는 이를 거절했고 서울 시민들도 무리한 일본의 요구에 반대해 한성부 청사 앞에서 항의 집회를 벌였다. 결국 부지 규모는 반으로 줄어들었고 역 건물과 선로·창고·조차장(철도에서 객차나 화차를 연결·분리·조절하는 곳) 등이 들어섰다. 1905년에는 경부선, 다음 해에 경의선이 남대문 정거장을 시발역(기차나 전철이 첫 출발하는 역)으로 하여 개통되면서 이곳은 한국 철도의 중앙역 역할을 담당하게 되었다.

침략의 아픔과 새로운 문물을 싣고 새보다 더 빨리 날다

경인선 열차는 남대문 정거장이 정식으로 개통되기 1년 전인 1899년 9월 18일부터 노량진 정거장을 시발역으로 달리기 시작했다. 노량진과 서울역 사이의 철교 공사가 늦어져 노량진과 제물포 간 33.2킬로미터를 먼저 개통했던 것이다. 3량의 객차를 끄는 미국제 모걸Mogul형

우르르 쾅쾅, 천지가 개벽하는구나!

서울 노량진에서 인천까지 1시간 40분 만에 주파하다! 한국 철도의 시작을 알린 경인선은 사람들에게 놀라움을 안겨주었다. 인천에서 서울로 걸어가면 12시간씩 걸리던 때였으니, '교통 혁명'이라 할 만하다. 기차와 관련한 역사의 한 페이지를 들춰보자.

1. 한국 최초의 모걸형 탱크 증기기관차
 최고 속력은 시속 60킬로미터였으나 실제로는 절반 정도밖에 내지 못했다.

2·3. 남대문 정거장 곳곳에 걸린 일장기가 식민 치하 속에 시작된 철도의 역사를 보여준다.

4. 귀빈 열차의 객실 일제 강점기부터 사용되었던 귀빈 열차의 내부. 이승만 초대 대통령도 이용했다고 한다.

탱크 증기기관차가 처음으로 노량진 정거장을 떠났을 당시 이 열차에 몸을 실었던 〈독립신문〉의 어느 기자는 그 감회를 이렇게 털어놓았다.

> 화륜거火輪車 구르는 소리는 우레 같아 천지가 진동하고 기관차의 굴뚝 연기는 반공半空에 솟아오르더라. … 수레 속에 앉아 영창影窓으로 내다보니 산천초목이 모두 활동하여 달리는 것 같고, 나는 새도 미처 따르지 못하더라.

여기서 화륜거란 바퀴로 움직이는 수레, 곧 기관차를 가리킨다. 350마력의 이 기관차는 1시간 40분 정도를 달려 인천역에 도착했다. 중간에 정차한다는 점을 감안하더라도 시속 25킬로미터 정도에 지나지 않는 느린 속도였다. 요즘의 고속철도KTX라면 같은 시간에 서울에서 대구까지 갈 수 있다. 기자가 너무 호들갑을 떠는 것은 아닐까.

그러나 속도감은 상대적이다. 그때까지 서울에서 인천까지 가는 교통수단은 대부분 '도보'였다. 걸어서 가면 12시간이나 걸리는 곳을 10분의 1 정도의 시간을 들여 도착할 수 있었으니, 사람들이 놀란 것도 무리는 아니다. 당시 경인선을 선전하는 신문광고에서도 서울과 인천이 1일 생활권이 되었다는 점을 강조했다.

그런데 문제는 비용이었다. 경인선 열차의 객실은 3등급으로 나뉘어 있었는데 1등 객실 요금은 1원 50전으로 외국인만 이용할 수 있었다. 내국인만 타는 2등 객실의 요금은 80전, 가장 질이 낮은 3등 객실의 요금은 40전으로 여자들은 3등 객실에만 탈 수 있었다. 당시 승객의 80퍼센트는 우리나라 사람이었고 그중 80퍼센트 정도가 3등 객실을 이용했다. 그런데 3등 객실 요금인 40전도 닭 두 마리를 살 수 있는 금액으로 당시 사람들에게는 결코 만만치 않은 액수였다. 서울에서 인천까지 걸어가면 밥 세 끼 값으로 15전, 짚신 한 켤레 값으로 10전이면 충분했으니 말이다.

경인선은 많은 사람들의 호기심을 끌었지만 이 새로운 문명의 이기를 이용할 수 있는 사람은 극히 드물었다. 그러는 가운데 대한제국 정부는 경인선을 운영할 여력을 점점 잃어갔고, 결국 경인선은 1905년 일본의 손아귀로 들어갔다. 이때부터 기차는 일본 제국주의의 수

우리 어디로 놀러갈까?
여행으로 들뜬 마음이 드러날까 장옷으로 얼굴을 감춘 조선의 여인들. 그 당시 기차를 이용하는 데도 성별과 국적에 따라 차별이 있었다. 여자들은 가장 질이 낮은 3등 객실만 탈 수 있었다.

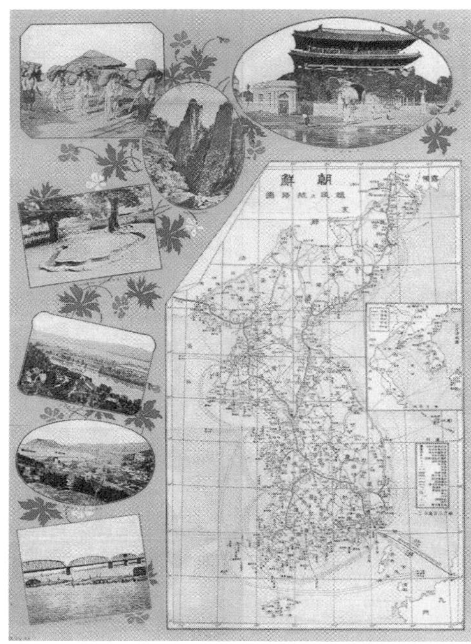

식민지 현실과 철도
문명의 이기였던 철도는 시간이 흐르면서 수탈의 도구로 전락했다. 사진은 조선총독부가 발행한 '조선여행 안내' 뒷면의 철도 노선 지도. 일본인 관광객과 이주자들을 위해 발행한 것으로, 우리 철도 노선을 자세히 표시하고 명승고적지의 사진을 함께 보여주고 있다. 일본에서 부산으로 건너오는 뱃길도 표시되어있다.

탈을 가속화하는 데 본격적으로 이용·개발되었다. 우리 국토를 달리는 기차에서 정작 우리나라 사람들은 소외되었던 것이다. 1904년 러일전쟁을 취재하기 위해 우리나라를 방문한 스웨덴 종군 기자 그렙스트William A. Grebst의 기록은 이 같은 사실을 잘 보여준다.

> 가장 우스운 일은 조선인들을 사정없이 잔인하게 몰아붙이는 난쟁이처럼 키 작은 일본 역원들을 지켜보는 것이었다. 조선인들이 이런 대접을 받는 것은 정말 굴욕적인 일이었다.

객관적인 시각을 지녔을 외국인이 이런 기록을 남겼다니 그때의 상황이 어떠했는지 충분히 짐작이 된다. 참으로 씁쓸한 일이다.

철도가 생기기 전까지 가장 효율적인 교통·통신 수단은 역참제驛站制였다. 역참제는 약 40리마다 전령이 말을 갈아탈 수 있는 역을 두어 서울에서 지방까지 중요 문서를 전달하는 제도다. 경인선의 역곡역도 그러한 역 중 하나였다. 노량진과 인천이 약 80리 정도 떨어져있기 때문이다. 역곡은 '역이 있는 골짜기(驛谷)'라는 뜻으로 조선 시대까지 서울과 인천을 잇는 교통·통신의 요지였다.

1883년 1월, 인천의 개항으로 제물포는 70여 명이 사는 작은 어촌에서 졸지에 세계의 문물을 받아들이는 큰 항구가 되었다. 여기다 경인선마저 뚫리면서 인천은 근대화의 정점에 서게 되었다. 일본은 이

개방의 물결을 앞에 둔 인천항

제물포에 철도가 다니기 시작하면서, 작은 어촌 마을이었던 인천은 국제 무역항으로 거듭났다. 인천항에서 경인선을 통해 오가는 사람과 물자에는 식민지의 설움이 함께했다. 사진은 20세기 초반의 인천항 전경.

곳을 개항장으로 요구하면서 영종도·대부도 등에 둘러싸여 풍랑이 일더라도 큰 피해가 없다는 이유를 내세웠다. 그러나 진짜 속셈은 인천이 서울로 통하는 가장 가까운 길목이라는 데 있었다.

인천은 개항 10여 년 만에 국제 무역항으로 발돋움했으며, 조선은 이곳에서 미국을 시작으로 영국·독일·러시아·이탈리아·프랑스 등과 잇따라 외교 관계를 맺었다. 모든 외국 문물이 인천항으로 들어와 경인선에 실려 서울로 갔고, 서울의 사람과 물자는 경인선에 실려 인천항으로 가서 세계로 뻗어나갔다. 여기에는 일본 무라이 담배 회사의 '히어로 담배'를 팔아 한몫 본 장사꾼, 근대의 선두에 선 외교관과 유학생, 나라의 비운을 슬퍼하는 우국지사 등 다양한 사람들이 타고 있었다. 근대 문물을 향한 동경과 식민지 조국의 슬픔을 태운 경인선은 달리고 또 달렸다.

조선, 근대의 문턱을 넘다

2호선 당산 – 합정 – 신촌 – 이대 – 충정로 – 시청

서울 외국인 묘지에 잠든 조선의 친구들

우리는 지금까지 서울 지하철 1호선을 따라 조선 시대의 역사를 가로지르며 근대의 입구까지 달려왔다. 이제 서울을 한 바퀴 도는 2호선으로 갈아타고 근대 이래 우리 역사가 얼마나 빠르게 달려왔는지를 한눈에 살펴보자. 서울 지하철 2호선이 순환을 시작하는 당산 철교. 그 위에서 차창 밖으로 눈을 돌리면 나지막한 언덕이 보인다. 바로 절두산切頭山이다. 절두산의 본래 이름은 누에고치 머리 모양 같다는 뜻의 '잠두봉蠶頭峰'이었다. 그런데 어쩌다 '머리가 잘린 산'이라는 험악한 이름으로 불리게 되었을까? 잠두봉이 절두산으로 변하는 과정에는 피와 폭력으로 얼룩진 우리 근대사의 비극이 고스란히 담겨있다.

합정역 7번 출구로 나가 한강 쪽으로 걸어가면 '절두산 성지'가 나온다. 이곳은 지금은 세상을 떠난 교황 요한 바오로 2세(Johannes Paulus II, 1920~2005)가 1984년 방문했던 가톨릭의 성지聖地다. 이 절두산 성지의 앞마당 비석에는 이런 글귀가 적혀있다.

> 서양 오랑캐가 쳐들어 오는데 싸우지 않으면 화의和議하는 것이요, 화의하는 것은 나라를 팔아먹는 짓이다.

바로 그 유명한 흥선대원군의 척화비문斥和碑文이다. 당시 흥선대원군은 19세기 조선 사회를 벼랑 끝으로 몰아갔던 세도정치를 물리치고 왕권을 바로 세운 개혁 정치가였다. 하지만 흥선대원군이 정권을 잡았던 19세기 후반은 조선 내부의 문제만 해결하면 그만인 시대가 아니었다. 중국과 일본의 문을 열어젖힌 서유럽과 미국의 제국주의 세력이 호시탐탐 조선을 노리고 있었다.

시대의 변화를 살피던 흥선대원군은 개항이 아닌 쇄국의 길을 택했다. 본래 흥선대원군은 서학西學이라 불리던 가톨릭에 결코 적대적인 인물이 아니었다. 하지만 국내 정치 세력의 반발을 의식해 1866년부터 가톨릭과 서구 세력에 반하는 강경 노선을 걷기 시작했다. 그리고 그해 2월, 흥선대원군은 전국에 척화비를 세우고 한강

문을 닫아라, 오랑캐가 온다!
흥선대원군의 쇄국정책을 상징하는 '척화비문'은 가톨릭 신자들을 처형한 절두산뿐만 아니라 서울과 지방 곳곳에 세워졌다.

비운의 역사를 만나는 곳, 절두산

❶

본래 경관이 뛰어나 풍류객들의 발길이 끊이지 않았던 이곳은, 1866년 대원군의 천주교 탄압 정책으로 1만 명이 처형당하는 비극적 공간으로 바뀌었다. 당시 조정은 '서양 세력에 더럽혀진 한강물을 서학(천주교) 세력의 피로 씻는다'며 박해의 칼을 멈추지 않았다.

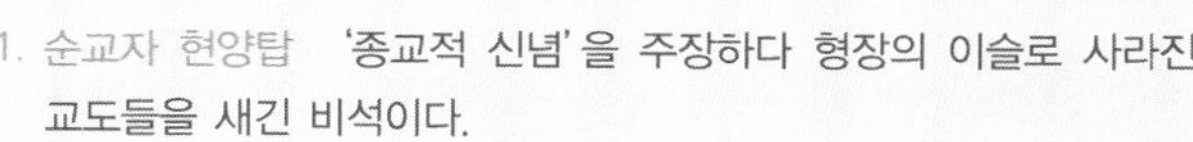

1. 순교자 현양탑 '종교적 신념'을 주장하다 형장의 이슬로 사라진 교도들을 새긴 비석이다.
2. 김대건 신부 동상 한국 최초의 신부이자 순교자로, 절두산 성지에 동상이 세워져있다.
3. 형벌 도구 천주교 신자들을 처형하는 데 사용했다. 밧줄에 목을 걸고 뒤에서 잡아당기는 기구다. 충청북도 괴산에서 발견된 것을 절두산 성지로 옮겨왔다.
4. 효수형 죽은 이의 머리를 높은 곳에 매달아 뭇사람에게 보여주는 형벌을 받은 순교자. 단지 종교적 신념이 다르다는 이유로 목숨까지 잃어야 했다.

❷

❸ ❹

이 보이는 절두산에서 수없이 많은 가톨릭교도의 머리를 베었다. 그러자 프랑스 군은 조선 정부가 프랑스 신부 아홉 명을 처형한 사실을 빌미로 강화도로 공격해왔다. 이 사건이 바로 '병인양요丙寅洋擾' 다.

흥선대원군은 병인양요에서 승리했지만 조선의 정세는 시간이 흐를수록 더 혼란스러워져 갔다. 그러다 병인양요 10년 만인 1876년, 조선은 서구 세력이 아닌 일본의 압력에 못 이겨 개항의 길로 들어섰다. 우여곡절 끝에 비로소 근대 문물을 받아들인 조선 정부는 근대화에 더욱 박차를 가했고, 외국인 선교사들도 여기에 힘을 보탰다. 이 무렵 고종은 조선의 근대화를 위해 노력한 외국인을 양화진楊花津에 묻어주었다. 양화진은 절두산 바로 옆에 자리한 나루였으니, 아버지 흥선대원군이 철저하게 닫으려했던 나라의 문이 아들의 손으로 조금씩 열리고 있었던 셈이다.

오늘날 '서울 외국인 묘지' 라 불리는 이곳에는 근대적 교육 기관을 세운 언더우드(Horace G. Underwood, 1859~1916)와 아펜젤러(Henry G. Appenzeller, 1858~1902), 〈대한매일신보〉를 발간한 베델(Ernest T. Bethell, 1872~1909), '헤이그 밀사 사건' 을 도운 헐버트(Homer B. Hulbert, 1863~1949) 등 조선의 근대화에 기여한 많은 외국인이 묻혀있다. 단지 서양의 종교를 믿고 퍼뜨린다는 이유만으로 절두산의 이슬로 사라진 사람들, 조선을 위해 힘썼던 외국인들. 그들의 죽음에는 우리 근대사의 모순이 함께 어려있다.

신여성 만나러 신촌 가는 길

절두산 성지를 떠나 합정역에서 지하철로 두 정거장을 더 가면 신촌역이다. '새로운 마을(新村)' 이라는 이름에 걸맞게 신촌역 부근은 젊음의 패기가 넘쳐흐른다. 신촌에 자리한 연세 대학교는 1885년 문을 연 경신 학교儆新學校의 맥을 잇는 곳으로, 서울 외국인 묘지에 안장되어 있는 언더우드가 설립했다.

연세 대학교는 '연희 대학교' 와 '세브란스 병원' 이 합쳐진 학교다. 세브란스 병원은 1885년 재동에 설립된 우리나라 최초의 근대적 의료 시설인 광혜원廣惠院에서 출발했다. 광혜원은 곧 '제중원濟衆院' 으로 이름을 바꾸었고, 약방 거리로 유명한 을지로로 자리를 옮겼다. 그리고 1899년에는 우리나라 최초의 의학교인 '제중원 의학교' 를 만들었다. 그 뒤 제중원은 미국의 거부인 세브란스(Louis H. Severance, 1838~1913)

제중원 모형과 개화기 의과서들
최초의 근대적 의료 시설인 광혜원은 '제중원' 으로 이름을 바꾸고 '제중원 의학교' 를 열어, 근대적 의학 교육을 받은 의사를 길러냈다.

에게 기부금을 받아 1904년 근대적 의료 기관으로서의 설비를 갖춘 '세브란스 병원'으로 거듭났다. 제중원 의학교 역시 1909년 근대적 의학 교육 기관인 '세브란스 의학교'로 이름을 바꾸었다. 일제 강점기를 거치는 동안 총독부의 지시에 따라 '아사히旭 의학 전문학교(1942)'로 명칭이 바뀌는 수난을 겪기도 했으나, 광복을 맞은 뒤인 1947년 '세브란스 의과대학'으로 개편되었다.

한편 연희 대학교는 1886년 선교사 언더우드가 서울 정동의 자택에 고아들을 모아 근대적 교육을 실시한 '구세학당救世學堂'에서 출발했다. 구세학당은 같은 해 '경신 학교'로 이름을 바꾸고, 1917년에 미국과 캐나다 등지의 장로교와 감리교 단체의 전폭적인 지원을 받아 '연희 전문학교'로 탄생하게 되었다.

그 당시 유일한 전문학교였던 연희 전문학교는 한때 조선 총독부

여성에게도 근대 교육을!
공부하고 있는 이화학당 학생들. 개화기 무렵 신여성을 배출하는 중요한 관문이 되었다.

에 강제 몰수되어 '경성 공업 전문학교'로 바뀌기도 했다. 그러나 광복을 맞은 다음 연희 전문학교로 복귀하였으며, 1946년에 '연희 대학교'로 승격되었다. 그리고 1957년, 연희 대학교와 세브란스 의과대학이 통합되어 지금의 '연세 대학교'가 되었다.

연세 대학교와 가까운 이화 여자 대학교도 선교사가 설립했다. 이화 여자 대학교를 세운 스크랜턴(Mary F. Scranton, 1834~1909) 부인 역시 다른 선교사들과 함께 서울 외국인 묘지에 잠들어있다. 1886년 '이화학당'이라는 이름으로 출발한 이화 여자 대학교는 우리나라 최초의 여성 교육기관으로, 개화기 무렵 무수히 많은 신여성을 배출했다. 당시 여성들이 교육받을 수 있었던 기회가 매우 드물었음을 감안한다면, 이화학당의 사회 기여도는 교육 분야에만 국한되지 않았다.

이대역에서 다시 지하철을 타고 시청역에서 내린 뒤 덕수궁 돌담길을 걸어보자. 곧 근대 교육의 산실인 정동에 다다르게 될 것이다. 앞서 말한 연희 전문학교도 처음 정동에 자리했다. 선교사 아펜젤러가 세운 우리나라 최초의 근대식 중등교육 기관인 '배재학당'도, 고종이 세운 최초의 근대식 공립 교육 기관인 '육영공원育英公院'도 그렇다. 그뿐 아니라 이화학당 역시 기와집에 30명 남짓한 학생을 모아 정동에서 열었다.

시청 앞 광장에서 독립을 논하다

이대역에서 시청역까지 가는 동안 우리는 의미심장한 이름의 역을 하나 지나게 된다. 바로 충정공忠正公 민영환(閔泳煥, 1861~1905)의 시호(죽은 뒤에 생전의 공덕을 기리어 임금이 내리던 이름)에서 이름을 딴 충정로역이다. 민영환은 남부럽지 않은 가문 출신의 관료로 1905년 을사조약이 체결되자 분을 이기지 못해 스스로 목숨을 끊었다. 충정공의 이러한 순국은 결코 순조롭지 않았던 우리 근대화의 역정을 보여준다.

민영환이 죽기 8년 전인 1897년, 고종은 지금의 웨스턴 조선 호텔 자리에 있던 환구단(천신天神에게 제사를 올리는 단)에서 국명을 '대한제국' 이라 바꾸고 황제 자리에 오르며 새 출발을 다짐했다. 현재도 호텔 뜰에는 환구단의 일부인 '황궁우' 라는 건물이 우뚝 서있다. 환구단의

죽어서라도
나라의 독립을 지켜보리

을사조약 체결에 항거하며 자결을 택한 민영환. 그가 연필로 명함에 다급하게 써내려간 유서에는 '우리 동포 형제가 자유와 독립을 회복하면, 죽은 자가 마땅히 땅속에서 기뻐 웃을 것이다.' 라는 다짐이 담겨있다.

환구단의 어제와 오늘
기우제를 지내던 환구단에서 고종은 '대한제국'을 선포하며 근대 국가로의 변신을 꾀했다. 지금은 그 일부인 황궁우만 남아있다.

맞은편에는 대한제국의 정궁인 덕수궁(당시 경운궁)이 왕실의 위엄을 뽐내고 있었고, 그 뒤편의 정동에서는 앞서 말한 교육 기관들이 새로운 인재를 길러내고 있었다. 고종은 이러한 환구단에 오르며 근대 문물을 품은 대한제국의 새로운 미래를 꿈꾸었을 것이다.

그러나 대한제국이 자주적 근대화에 힘쓸 수 있는 시간은 너무도 짧았다. 1904년 러시아와 일본은 한반도를 놓고 전쟁을 벌였고, 이 싸움에서 승리한 일본은 본격적인 국권 침탈에 나섰다.

러일전쟁을 취재하러 왔던 영국인 기자 베델은 총 대신 〈대한매일신보〉라는 신문을 무기 삼아 일본의 야욕을 신랄하게 공격했다. 일본의 제국주의적 침략을 주도하던 이토 히로부미(伊藤博文, 1841~1909)가

"내 말보다 이 신문의 글이 훨씬 영향력이 크다."라고 감탄할 정도로 〈대한매일신보〉의 힘은 막강했다. 바로 〈대한매일신보〉의 사옥이 지금의 시청 앞에 자리해있었다.

일본은 소송과 협박 등 갖은 수단으로 베델을 압박했지만, 〈대한매일신보〉의 필치는 꺾일 줄 몰랐다. 그러나 베델이 죽고 나자 〈대한매일신보〉는 하향세를 걷기 시작했고, 1910년부터는 그만 친일 성향의 신문으로 바뀌고 말았다. 그리고 그해 대한제국은 국권을 모두 잃고 일본의 식민지가 되었다. 자신의 뜻을 이루지 못한 베델은 현재 스크랜턴 부인, 아펜젤러 등과 함께 서울 외국인 묘지에 묻혀있다. 이렇듯 서울 지하철 2호선에는 한치 앞도 볼 수 없는 혼란을 헤쳐나가려 했던 많은 이들의 꿈과 좌절이 깃들어있다.

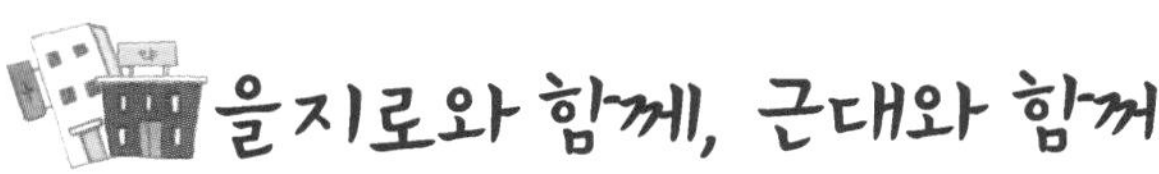

을지로와 함께, 근대와 함께

2호선 시청 – 을지로입구 – 을지로3가 – 을지로4가

고운담골과 을지로

시청역에서 내려 9번 출구로 나가면 남대문 옆에 위치한 '대한상공회의소'를 볼 수 있다. 조선 시대에는 이 부근에 '태평관'이라는 국립호텔이 있었다. 지금도 남대문 사거리와 광화문 사거리를 잇는 도로를 '태평로'라 부르는데, 이 명칭은 여기서 유래했다. 태평관은 우리나라를 찾은 중국 명나라 사신이 머물던 장소다. 명나라는 임진왜란

개화기 무렵의 태평로

중국 사신이 머물던 '태평관'이 있었던 태평로. 지금은 차로로 바뀐 이곳은 그 옛날 사람들과 우마차가 자유로이 오갔다. 태평로 끝에 보이는 것이 광화문이다.

때 조선에 지원병을 보내준 은인과 같은 나라였다. 그리하여 조선의 사대부들에게 '진정한 대국大國' 으로 존경을 받았다.

을지로입구역의 롯데 호텔 주변은 조선 시대에 '고운담골' 이라 불렸는데, 여기에도 조선과 중국의 오랜 친분이 잘 나타나있다. 연암燕巖 박지원(朴趾源, 1737~1805)이 쓴 중국 기행 문집 《열하일기熱河日記》에 '고운담골' 의 유래가 전한다. 조선 중기 때 통역관이었던 홍순언이 명나라를 방문했을 때의 일이다. 유곽에 잠시 들렀던 그는 딱한 사정의 중국 여인을 만났다. 그 여인은 누명을 쓰고 감옥에 갇힌 아버지의 벌금을 내기 위해 몸을 팔러 왔다고 했다. 여인의 딱한 사정을 들은 홍순언은 거금 이천 냥을 내어 그녀를 유곽에서 빼내주었다.

뒷날 홍순언이 명나라를 찾았을 때, 여인은 석성이라는 명나라 재상의 부인이 되어있었다. 홍순언을 다시 만난 그녀는 은혜에 보답하겠다며 손수 '보은報恩' 이라는 두 글자를 비단에 수놓아 선물로 주었다. 그리고 얼마 뒤 임진왜란이 일어났다. 그러자 여인의 남편인 석성이 명나라 관리들을 설득해 명나라 군을 조선에 파병하도록 했다. 그때부터 홍순언의 집이 있었던 지금의 롯데 호텔 일대를 가리켜 '보은이라는 글자를 수놓은 비단 마을' 이라는 뜻으로 '보은단골' 이라 불렀다. 그러다 세월이 지나면서 '보은단골' 이 '고운담골' 로 발음이 바뀌었다.

하지만 명나라와는 달리 청나라와 조선의 관계는 그다지 우호적이지 않았다. 명나라를 멸망시키고 중국 땅을 차지한 청나라는 마음으로부터 우러나는 사대事大를 받지 못했다. 조선이 '오랑캐'라 업신여기던 여진족(만주족이라고도 불림)이 세운 나라였기 때문이다. 여기다가 1894년 청일전쟁(청나라와 일본이 조선의 지배권을 놓고 1년간 다툰 전쟁)에서 청나라가 패하면서 우리나라에 대한 중국의 영향력은 더욱 약해질 수 밖에 없었다.

'고운담골'이라 불리던 이 일대가 해방 이후 '을지로'라는 이름을 얻었다는 사실도 우리와 중국의 느슨해진 관계를 보여준다. 을지로는 중국 수나라의 침략군을 '살수'에서 물리친 고구려 장군 을지문덕의 이름에서 따온 것이다. 이 이름이 을지로 일대의 상권을 장악하고 있는 화교들의 기를 누르기 위해 붙여진 것이라는 설이 있을 정도니, 근대 이후 한·중 관계가 얼마나 달라졌는지를 짐작케 한다.

청나라 사신을 맞다, 아극돈의 〈봉사도奉使圖〉
영조가 모화관에서 청나라 사신을 만나는 장면을 청나라 사신단의 부대표였던 화가 아극돈이 그렸다. 단상 밑의 조선 관리들은 음식에 독이 들었는지를 확인하는 역할을 맡았다. 청나라를 '오랑캐의 나라'로 여겼던 까닭일까? 음식과 행사가 간소하다.

구리개에 울려 퍼진 총성

서양 근대 문물을 적극적으로 받아들이며 부국강병을 꾀한 일본은 19세기 말, 제국주의적 야망을 실현하기 위해 조선을 침략했다. 중국은 의례적인 조공(속국이 종주국에 때마다 예물을 바치던 일 또는 그 예물)을 제외하고는 그다지 조선 정부에 간섭하지 않았지만, 일본은 정치·경제 모든 분야에 걸쳐 가혹한 침탈을 행했다.

대한제국의 국권을 강탈한 일본은 조선 시대부터 불려온 을지로의 별칭 '구리개'를 '황금정黃金町'이라는 자기네 한자 이름으로 바꾸었다. 을지로가 구리개로 불리게 된 것은 지금의 을지로 1가와 2가 사이에 있던 나지막한 고개 때문이었다. 멀리서 보면 고개의 황토가 햇볕을 받아 반짝이는 구리처럼 보였다고 한다. 그래서 '구리(처럼 보이는) 고개'의 준말인 '구리개'라는 이름이 붙었다.

당시 구리개 일대는 '서민을 위한 의술의 거리'였다. 가난한 백성의 병을 맡아보던 국립병원 혜민서惠民署가 있었고, 혜민서를 중심으로 많

을지로에 자리했던 동양척식주식회사
1908년 일제가 조선의 토지와 자원을 빼앗을 목적으로 설치한 식민지 착취기관이다. 나석주 의사는 이곳에 폭탄을 던져 식민 지배에 저항했다.

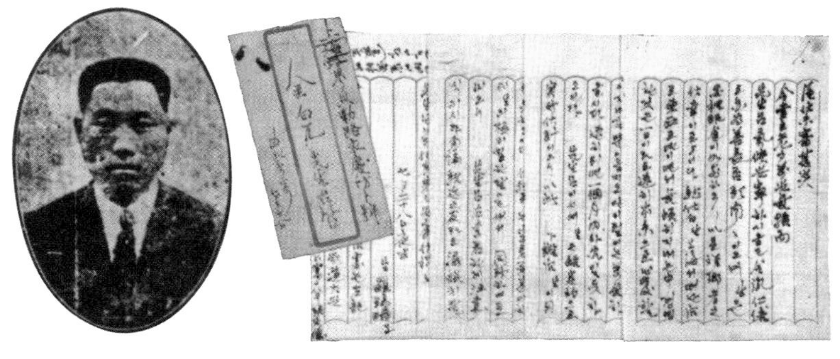

조국을 위해 생을 바친 나석주 의사의 편지와 사진
의열단원이었던 나석주 의사가 베이징에서 자신의 활동 상황을 김구에게 보고한 편지. 그는 1926년 12월 28일 동양척식주식회사와 조선식산은행에 폭탄을 던지고 자결했다.

은 약국이 자리 잡고 있었다. 우리나라 최초의 근대식 병원인 '제중원'이 여기에 자리한 이유도 모두 그러한 전통 때문이었다. 오늘날에는 을지로 6가 부근에 '국립 의료원' 이 우뚝 서있다.

조선의 중심지는 관청이 자리하고 부유한 양반들이 모여 살던 청계천 북쪽이었던 데 반해, 식민지 조선의 번화가는 일본인이 거주하고 장사를 벌이던 을지로, 충무로, 명동 같은 청계천 남쪽이었다. 지금의 충무로에 해당하는 '본정本井' 이 그러한 자본주의적 발전의 핵심 지역이었지만 황금정도 이에 못지않았다. 그러자 구리개의 약방은 점점 일본인 상점에 그 자리를 내주게 되었다.

그러던 1926년 겨울, 식민 자본주의의 중심지로 이름을 날렸던 을지로에서 콩 볶는 듯한 폭발음이 들렸다. 폭발음의 진원지는 식민지 수탈의 첨병이던 조선식산은행과 동양척식주식회사였다. 총성을 울린 주인공은 백범白帆 김구(金九, 1876~1949)가 설립한 의열단義烈團에 소속되어있던 독립 운동가 나석주(羅錫疇, 1892~1926)였다. 그는 먼저 조선식산은행에 폭탄을 던진 뒤, 동양척식주식회사로 들어가 사원과 수위를 사살하고 폭탄을 던졌다. 그러나 불발하고 말았다. 을지로 거리에서 뒤쫓는 헌병들과 총격전을 벌이던 그는 결국 마지막 남은 총탄 한 발로 자살을 선택했다.

시대를 넘어 이어진 개발의 신화

을지로 4가역에서 내려 동북쪽으로 400미터쯤 가면 '방산 종합 시장'이 나온다. 조선 영조 때인 1760년, 청계천에서 20만 명 이상이 동원되어 강바닥을 파내고 물길을 넓히는 대규모 공사가 벌어졌다. 이때 파낸 흙이 쌓여 만들어진 산이 바로 방산芳山이다. 주변 사람들이 꽃과 화초를 심어, 향기가 진동했다고 한다.

청계천은 을지로와 종로 사이를 서에서 동으로 흐르는 하천으로, 조선 시대에는 '개천'이라 불렸다. 그런데 세종 대에 이르러 개천의 용도를 놓고 논란이 벌어졌다. 풍수지리 전문가들은 개천을 맑고 깨끗하게 유지해야 나라의 앞날에 도움이 된다고 충고했고, 유학자들은 개천이 한양의 하수도 역할을 해야 한다고 주장했다. 세종은 고민 끝에 유학자의 견해를 받아들였다. 영조 때 벌어진 공사는 홍수 등으로 강바닥에 쌓인 토사를 치우고, 물의 흐름을 바로잡아 도시의 하수가 제대로 흐르도록 하는 데 그 목적이 있었다.

그런데 일본은 도시 계획을 세우면서 청계천의 용도를 근본적으로 다시 생각하기 시작했다. 근대 도시치고 서울의 도로 사정이 너무 열악했다. 일제는 청계천을 메워서 길을 확보해야겠다고 생각했다. 이러한 계획은 1930년대 들어 일본이 중국 대륙 침략에 본격적으로 나서면서 더더욱 명분을 얻게 되었다. 군수품을 효율적으로 운송해야 한다는 절박한 이유가 생겼기 때문이다.

하지만 비용이 문제였다. 일본은 청계천을 메우고 그 위에 고가철도까지 놓는다는 야심 찬 계획을 세웠지만, 막대한 전쟁 비용이 발목을 잡았다. 1945년 일제가 패망하기 전까지 그들이 메운 청계천 구간은 지금의 광화문 사거리에서 서린동에 지나지 않는다.

청계천을 덮어서 길을 만든다는 개발 논리는 일제가 물러간 뒤에

청계천 건너 놀러가자

그 옛날 청계천 다리에는 댕기머리 소녀들도, 물동이 인 아낙들도 부지런히 오갔다. 하지만 다리를 건너는 일마저 불편하다고 느끼는 삭막한 시절이 온 탓일까? 이 자연의 물결은 토사 속으로 묻혀버리고 만다.

도 그대로 이어졌다. 서울시는 1958년 청계천 복개 공사를 시작해 1961년 청계천 본류를 모두 메웠다. 새로 생겨난 청계천로 위에는 일제 계획과 비슷하게 고가도로를 건설하고, 길가에 삼일 빌딩 같은 현대식 고층 건물을 세웠다. 이 청계 고가도로와 삼일 빌딩은 '한강의 기적' 으로 불리는 1970년대 경제 개발의 상징이 되었다.

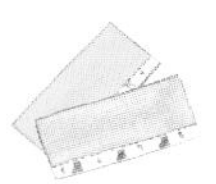

동양척식주식회사

1908년, 일본이 직접 지배권을 행사해 식민지 조선을 수탈하기 위해 세웠다. 동양척식주식회사는 반강제적으로 대한제국에게 토지를 넘겨받아 소작인에게 빌려주고 높은 소작료를 걷었다. 1917년 이후에는 몽골, 러시아령, 아시아, 중국, 필리핀 및 말레이반도까지 범위를 넓혔다. 영국이 인도 식민지에 건설한 동인도회사를 모델로 했다.

약도로 찾아보는 을지로 이모저모!

'구리빛 고개'라 하여 구리개로 불리던 을지로는 그 옛날 병원과 약국이 즐비한 거리였다. 그뿐 아니라 최초의 서양식 국립 의료기관이 서고, 독립운동가들이 의거를 일으키는 등 역사의 무대가 되기도 했다. 지금도 많은 사람들이 북적대는 상점가로 유명하다.

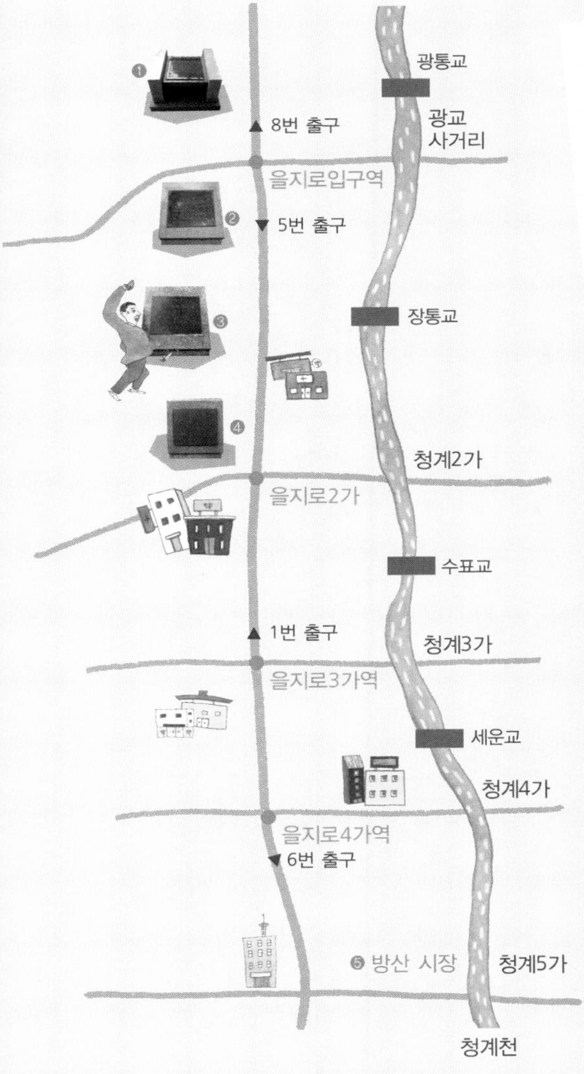

광통교
광교
사거리
▲8번 출구
을지로입구역
▼5번 출구
장통교
청계2가
을지로2가
수표교
▲1번 출구
청계3가
을지로3가역
세운교
청계4가
을지로4가역
▼6번 출구
⑤ 방산 시장
청계5가
청계천

1. 고운담골 조선의 사신과 명나라 여인의 아름다운 인연을 확인할 수 있다.
2. 제중원 터 우리나라 최초의 근대식 국립 의료 기관이 있었다.
3. 나석주 의사 의거 기념 터 식민 지배의 상징인 동양척식주식회사에 폭탄을 던졌던 곳.
4. 혜민서 터 조선 시대 백성들의 치료를 담당했던 의료 기관이 있었다.
5. 방산 종합 시장 영조 때 청계천 공사를 하며 파낸 흙이 쌓여 만들어진 방산. 지금은 시장이 형성되어있다.

강남 불패의 신화를 찾아서

2호선 성내 – 잠실 – 삼성 – 역삼 – 서초 – 서울대입구 – 봉천 – 신림 – 구로디지털단지

5호선 올림픽공원

백제도 강남을 개발했다?

'성의 안쪽'이라는 뜻의 성내城內역. 도성의 한가운데를 가로지르던 청계천을 따라 여기까지 왔는데 새삼 성안으로 다시 들어왔다니, 무슨 뚱딴지 같은 소리인가 싶을 것이다. 하지만 성내역은 분명 성 안쪽에 자리하고 있다. 그 증거는 2000여 년 전 백제 시대에 건축된 풍납토성이다.

5세기 무렵 백제가 고구려와의 전쟁에서 패하고 공주로 천도한 이래, 한강의 남쪽 강남은 오랫동안 잊혀져있었다. 조선 시대의 궁궐이 모두 강북에 있는 것만 봐도 알 수 있다.

1960년대 중반까지만 해도 강남 지역은 논밭과 과수원으로 덮여있는 '시골 동네'에 지나지 않았다. 성내역 다음으로 전철이 통과하는 잠실蠶室역은 이름 그대로 뽕나무 밭이 있던 곳이다. 하지만 급격한 도시화와 산업화로 강북이 포화 상태에 이르면서 강남은 본격적인 택지 공간으로 개발되었다. 잠실·삼성·역삼·서초역 등은 우리나라 신흥 중산층이 급성장하면서 등장한 강남 신화의 역사를 고스란히 보여준다.

처음에 '영등포 동쪽'이라는 뜻에서 '영동'으로 불렸던 강남. 이곳에 대규모 아파트 단지를 만든다는 정부의 계획은 우리 역사상 일찍이 볼 수 없었던 투기 열풍을 몰고 왔다. 농사짓다가 하루아침에 땅 부자가 된 사람, 아파트 투기로 떼돈 번 사람들이 이때 쏟아져나왔다. 강남이 개발되기 전만 해도 우리 사회의 경제적 불평등은 그다지 심각하지 않았다. 한국전쟁이 국민의 경제 수준을 하향 평준화시켰기 때문이다. 그러나 경제 개발이 본격화되면서 빈부 격차도 덩달아 커져갔다. 특히 부동산 투기는 이러한 추세를 돌이킬 수 없게 만들었다.

그전까지 중산층은 의사·변호사 같은 전문직 종사자나 중견 공직자, 대기업 간부를 가리키는 말이었다. 그런데 강남 개발로 벼락부자가 된 사람들이 이 중산층 대열에 합류하게 되었다. 새로운 중산층의 탄생과 더불어 강남 지역에 고급 아파트, 패밀리 레스토랑, 호텔 커피

강남의 상징, 올림픽 공원
본래 논밭이었던 강남은 1970년대 들어 아파트 단지가 건설되면서, 부자 동네로 빠르게 성장했다.

숍, 백화점, 골동품 상점, 화랑 등이 등장하기 시작했다.

그리고 1988년 서울 올림픽을 앞두고는 잠실 종합 운동장, 강남과 김포 공항을 연결하는 88올림픽 도로, 최고급 문화 시설인 예술의 전당 등이 건설되어 강남의 지위를 더욱 확고하게 만들어주었다. 또 풍납토성과 더불어 옛 백제의 왕성 터로 여겨지는 몽촌토성 주변에는 올림픽 공원이 조성되어 강남의 영광을 노래했다.

땅값도 뛰게 하는 교육열

'강남 불패' 라는 말처럼 지금 우리 사회의 문제점을 잘 나타내주는 표현도 없다. 이 말은 어떤 일이 있어도 강남의 아파트 값은 최고 수준을 유지한다는 뜻이다. 그런데 그럴 수밖에 없는 이유가 바로 '교육' 때문이다.

우리 교육이 평준화로 전환된 시기는 강남이 신흥 주택단지로 떠오르기 시작한 때와 거의 같다. 그전까지 우리 사회에서 '교육' 은 계층 상승을 위한 유일한 희망이었고, 실제로 그러한 기능을 해왔다. 식민지 시절을 보낸 할머니, 할아버지들은 아무리 열심히 노력해도 일본 제국의 말단 관리밖에 될 수 없었다. 그런데 독립을 맞아 일본인들이 물러나자 사회 곳곳에 빈자리가 넘쳐났다. 열심히 공부해서 각종 시험만 통과하면 충분히 차지할 수 있는 자리들이었다. 그러니 해방

옛날 옛적 학교 풍경

플랫폼 박물관

식민 지배와 전쟁의 상처를 딛고 일어서는 데는 우리 민족의 '교육'에 대한 열망이 한몫했다. 그 옛날 부모님 세대들은 어떻게 공부했을까? 추억이 묻어나는 교실로 가보자.

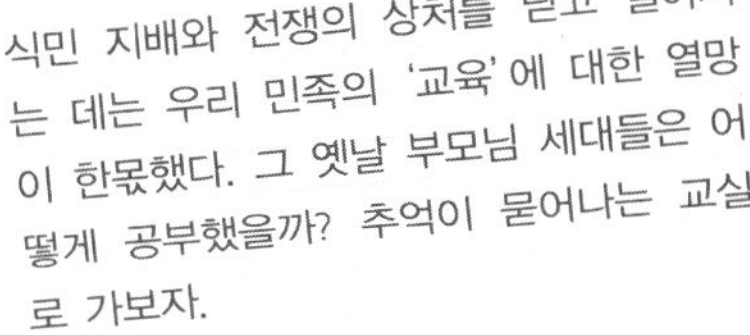

1. 원조받아 만든 교과서　국제연합 한국 재건 위원단UNKRA에서 기증한 종이로 만든 교과서. 뒷표지에는 '감사하는 마음으로 열심히 공부하자.' 라고 쓰여있다.
2. 무시험 추첨기　공정성 때문에 장학사와 학생이 함께 손잡이를 돌리면 학교명이 적힌 은행알이나 나무 구슬이 나왔다.
3. 1970년대 교복 스타일　평준화가 실시되면서 거의 비슷한 스타일의 교복을 입었는데, 차이나 칼라와 모자, 세일러복이 특징이었다. 오른쪽 아래는 1970년대를 대표하는 청춘 영화 〈고교얄개〉.

이후 교육열이 높아진 현상은 어쩌면 당연했다.

1968년에는 중학교 무시험 전형이, 1974년에는 고교 평준화 정책이 실시되면서 초등학생 때부터 치열한 입시 경쟁에 뛰어들어야 하는 비극적 상황이 조금은 나아졌다. 하지만 이는 지옥 같은 입시 경쟁을 대학 입시로 미뤘을 뿐이었다. '신분 상승'과 '부의 획득'이라는 교육의 목표는 평준화 이전과 조금도 달라지지 않았다. 그리고 이러한 교육열의 최종 목적지는 지하철 2호선의 서울대입구역과 서초역이었다. 서울대입구역은 두말할 것도 없는 대한민국 최고의 명문 대학교인 서울 대학교로 이어지고, 서초역은 대한민국 최고의 직업으로 군림해온 판검사들의 근무지인 대법원과 대검찰청이 연결되어있다.

강남의 고등학교는 8학군(학군은 지역별로 설정한 중·고등학교 무리를 뜻함)에 속한다. 이들 8학군 고등학교들은 평준화 이전의 명문 고등학교들이 차지했던 위상을 그대로 이어받아 서울대입구역과 교대역으로 향하는 확실한 발판으로 떠올랐다.

그 무기는 다름 아닌 '사교육'이었다. 강남 중산층은 누구에게나 평등하게 제공되는 공교육만으로는 만족하지 않았다. 자신의 사회적 지위와 경제 능력에 걸맞은 자녀 교육이 필요하다고 생각했다. 경제적 여유가 충분한 학부모들은 능력 있는 과외 선생을 모시기 위해 거액을 지불했다. 그러다 보니 서민층 역시 신분 상승의 마지막 가능성을 놓치지 않기 위해 모든 것을 교육에 걸다시피 했다. 입시 학원, 가

정교사, 과외방 등이 우후죽순 늘어나고 엄청난 돈이 그쪽으로 흘러 들어 갔다. 공교육 예산 역시 해마다 늘었지만, 사교육비의 증가 속도를 따라잡지 못했다.

마침내 정부는 1980년 모든 과외 활동을 금지하는 "7·30 교육 개혁 조치"를 내렸다. 하지만 별다른 효과를 얻지는 못했다. 그리고 1980년대 후반을 지나면서 '계층 이동의 사다리'라 믿었던 교육은 오히려 '계층 세습의 굴레'로 굳어갔다. 강남 불패의 신화는 바로 이러한 교육 현실에 굳건히 뿌리를 박고 있다.

강남 아닌 강남, 옛 구로 공단과 달동네

지하철 2호선을 타고 달리다 보면, 서울대입구역을 지나면서 창밖의 풍경이 눈에 띄게 달라진다는 점을 알 수 있다. 지하철이 향하는 봉천역·신림역 부근은 달동네로 유명했던 곳이다. 이들 동네를 지나면 구로디지털단지역(옛 구로공단역)이 나온다. 8학군 청소년들이 서울대입구역과 교대역을 바라보며 밤새

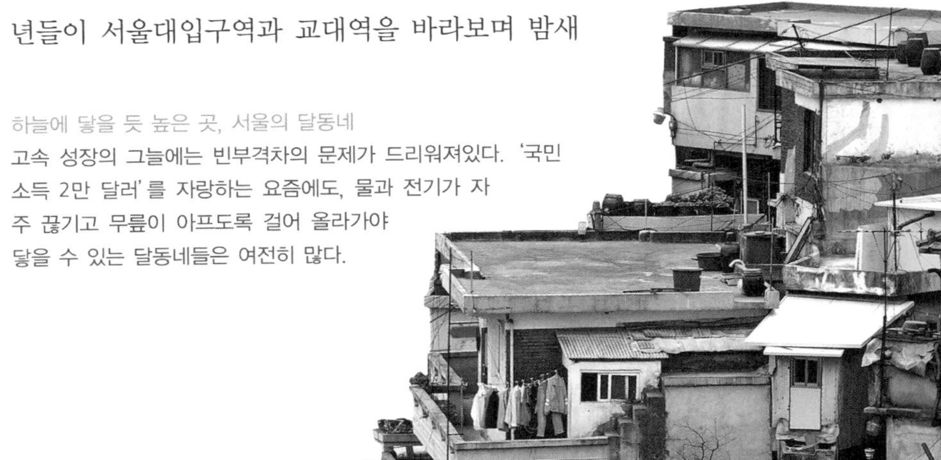

하늘에 닿을 듯 높은 곳, 서울의 달동네
고속 성장의 그늘에는 빈부격차의 문제가 드리워져있다. '국민소득 2만 달러'를 자랑하는 요즘에도, 물과 전기가 자주 끊기고 무릎이 아프도록 걸어 올라가야 닿을 수 있는 달동네들은 여전히 많다.

워 공부하고 있을 때, 이곳에서는 어린 나이에 취업 전선으로 뛰어든 청소년들이 산업 역군의 꿈을 안고 기계를 돌렸다.

'수출 한국'의 기치를 높이 들고 구로에 공단이 들어선 때가 1960년대 후반, 강남에 아파트 단지가 조성되던 때가 1970년대 초반으로 서로 엇비슷하다. 당시 정부는 경제 개발을 본격화하면서 수출 산업의 전진 기지로 여섯 개의 공업 단지를 조성했는데, 그중 세 단지가 구로 공단에 설립되었다. 구로 공단은 합성수지, 전자 기기, 광학기계, 가발 등을 수출해 우리나라 경제 성장에 크게 기여했다. 어떻게

'민주주의'를 향한 위대한 함성

1987년, 독재 정권 아래, 박종철 군이 고문을 받다 숨지는 사건이 발생했다. 이렇게 해서 일어난 시위는 전국으로 번졌고, 학생뿐 아니라 노동자 · 중산층까지 참여하면서 '대통령 직선제'를 이끌어냈다. '경제 성장'과 '민주화'는 이렇듯 재산의 많고 적음이나 지위의 높낮이에 상관없이 온 국민이 하나로 모였을 때 가능했다.

보면 강남의 번영도 구로 공단 같은 산업 기지가 이뤄낸 경제 개발의 혜택을 받은 것이라 할 수 있다.

많은 사람들이 근대 이후의 두 가지 업적을 '경제 성장'과 '민주화'로 꼽는다. 구로 공단 노동자와 강남 중산층 역시 이 업적을 이룬 주인공들이다. 노동자의 피와 땀이 없었다면 경제 성장도 없었을 것이고, 1980년대 민주화 투쟁에 중산층이 함께하지 않았다면 민주화를 이루어내기도 힘들었을 것이다. 그러나 갈수록 심해지는 빈부 격차를 보면 민주화와 경제 성장의 과실이 어느 특정 계층에게만 돌아가고 있는 것은 아닌지 아쉬운 생각이 든다.

1980년 7·30 교육 개혁 조치

그 당시 대학별 본고사가 교과서만 공부해서는 풀 수 없을 정도로 어렵게 출제되면서, 학생들은 사교육에 의존하고 있었다. 정부에서는 이를 개혁하기 위해 7·30 교육 개혁 조치를 내렸는데 고교 내신 성적만으로 입시를 치르자는 내용이었다. 하지만 지역·학교·계열·남녀 간의 차이가 고려되지 않아 내신 성적 산출에 많은 문제점이 있었다.

"네 이놈!
열 손가락 깨물어
안 아픈 손가락 없다."

돌아온 이성계는, 형을 몰아내고
왕위에 오른 아들 이방원을 향해
정말로 활시위를 당겼을까?

정조

"우리 아버지,
뒤주 속에서
얼마나 배고팠을까."

효심이 깊었던 정조는,
당파 싸움 속에서 안타깝게 숨을 거둔
아버지의 무덤을 해마다 찾아갔다.

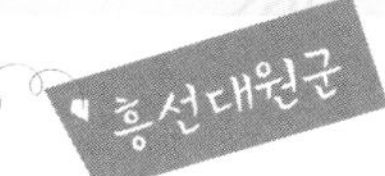

"아무리 두드려도 절대 열어주지 않을 것이다. 에헴!"

흥선대원군은 서구 문물의 유입을 막기 위해
나라의 문을 꽁꽁 닫았을 뿐만 아니라,
많은 천주교 신자들을 형장의 이슬로 사라지게 했다.

"나라를 잃느니 스스로 목숨을 끊겠다."

나라와 자신의 운명을 함께 보던
민영환은 자결을 통해 온 민족에게
자주 독립의 메시지를 알렸다.

"어랏, 불발탄인가."

식민지 수탈의 본거지에 대한
폭탄 공격이 실패로 끝나자
나석주 선생은 자기 자신을 향해
마지막 총성을 울렸다.

인조와 함께 조선의 역참로를 가다

3호선 구파발 – 연신내 – 홍제 – 독립문 – 양재

동아시아 정세를 바꾼 반정의 횃불

조선 시대에는 지하철 3호선이 지나는 길이야말로 교통의 핵심 지역이었다. 당시 조선 제일의 교역국이 중국이었기 때문이다. 중국으로 가는 관문인 의주와 서울을 잇는 서북로西北路는 지금의 서대문구와 은평구 지역을 지났다.

이러한 역사적 상황은 지하철 3호선의 역 이름에도 고스란히 남아 있다. 구파발역은 조선 후기의 통신 제도였던 파발擺撥이 지나던 역이 자리했던 곳이고, 홍제역은 중국을 오가는 사신들이 묵던 국립 여관 홍제원洪濟院이 있던 장소다. 그런가 하면 3호선의 남쪽에 자리 잡은 양재역은 당시 한양과 남쪽 지방을 잇는 교통의 요지였다. 이렇게 조선의 중요한 교통로였던 서울 지하철 3호선이 지나는 길에 그 어느 때보다 급박하게 전달되던 횃불이 있었다.

1623년 3월 12일, 경기도 파주의 장단에 부사로 있던 이서(李曙,

1580~1637)가 휘하 병력을 이끌고 한양으로 향했다. 그의 부대는 강원도 이천(伊川, 경기도 이천과는 다른 곳으로 지금은 북한에 속해있음)에서 출발한 이중로(李重老, 1597~1624) 부대와 도성 입구의 영서역에서 만나기로 되어있었다.

영서역은 서북로의 중요한 역참으로, 지금의 연신내역 부근이다. 두 부대는 이곳에서 만난 뒤 홍제원에서 다른 부대와 합류할 예정이었다. 조선의 역사를 완전히 바꾸어놓은 인조반정의 시작이었다. '반정' 이란 왕의 잘못을 꾸짖어 폐위시키는 정치적 변혁인데, 이서와 이중로가 바꾸려 한 왕은 광해군(光海君, 1575~1641)이었다. 광해군을 몰아내고 인조(仁祖, 1595~1649)를 왕으로 내세운 인조반정은 조선뿐 아니라 동아시아의 정세를 바꾼 대정변이었다.

당시 조선은 임진왜란이 끝난 지 25년 남짓 되었지만 나라 안팎으로 시련을 맞이하고 있었다. 안으로는 임진왜란 직전부터 싹텄던 붕당朋黨 간의 싸움이 본격화되었고, 밖으로는 조선과 친분이 두터웠던 명나라가 만주에서 일어난 후금(뒷날의 청나라)에게 밀리고 있었다.

여러 붕당 가운데 '대북파大北派' 의 지지를 받아 왕위에 오른 광해군은 어느 한 당파에 치우치지 않고 정사를 돌보려 했다. 또한 명나라에 대한 의리를 지키면서도 중국 대륙의 새로운 강자로 떠오른 후금과도 무리하게 맞서지 않는 등 국제 정세에도 냉철하게 대처하려 했다. 그러나 국내 정치에 대해서는 그렇지 못했다. 광해군은 자신의 왕

중립 외교를 펼친 광해군의 묘
광해군은 명과 후금 사이에서 실리 외교를 펼쳤으나, 서인 세력이 주축이 된 인조반정으로 왕위에서 끌려 내려왔다.

위 계승을 지지했던 대북파의 압력에 못 이겨 잠재적 경쟁자인 이복동생 영창대군(永昌大君, 1606~1614)을 죽이고 그의 어머니인 인목대비(仁穆大妃, 1584~1632)를 유폐시켰다. 이 사건은 그동안 당파 싸움에서 밀려나있던 서인 세력이 '반정'을 일으키는 구실이 되었다. 앞에서 말한 이서와 이중로는 이러한 서인 세력의 행동대장 격이었다.

평소 외적의 수상한 움직임을 조정에 알리기 위해 파발병이 달리던 길을 따라 이서는 부지런히 말을 몰았다. 조선의 경보 체제는 본래 봉화를 피워 위기를 알리는 봉수제였다. 그러나 임진왜란 때 봉화가 제때 피어오르지 않아 문제가 생기자 파발제로 바뀌었다. 파발제는 병사가 말을 타고 조정에 달려가 급보를 전하는 방식이다. 파발병이 변방의 사태를 알리기 위해 한양에 들어서면 가장 먼저 들르는 곳이 지금의 구파발역 부근에 있던 국립 여관 '덕수원德水院'이었다.

그런데 이서 부대의 진격이 생각보다 늦어졌다. 영서역에 먼저 도착해 기다리던 이중로는 초조해졌다. 자칫 총집결 장소인 홍제원에

늦게 당도하면, 반정이 물거품으로 돌아가는 것은 물론, 모두 역적으로 몰려 죽을 판이었기 때문이었다. 다행히 이서는 그날 밤을 넘기지 않고 영서역에 도착했다. 이중로는 가슴을 쓸어내리고 이서와 함께 홍제원으로 서둘러 떠났다. 그 후 영서역은 이서가 시간을 끌었다 하여 '질질 끈다'는 뜻의 '연延'자가 붙은 연서역으로 바뀌었다. 이 부근을 흐르는 냇물도 '연신내'라 불렸다.

홍제원의 사정은 더욱 급박했다. 약속 시간에 도착한 사람은 군관 20명을 이끌고 온 이괄(李适, 1587~1624)뿐이었다. 동지들이 보이지 않아 이괄이 낙담하고 있을 즈음, 이귀(李貴, 1557~1633), 김자점(金自點, 1588~1651) 등이 각자 모집한 수백 명의 군사를 이끌고 홍제원 부근의 산으로 모여들었다. 그렇지만 아직 약속한 병력의 절반도 모이지 않은 상태였다. 진격이 늦었던 이서 때문에 장단과 이천 지역의 병력이 오

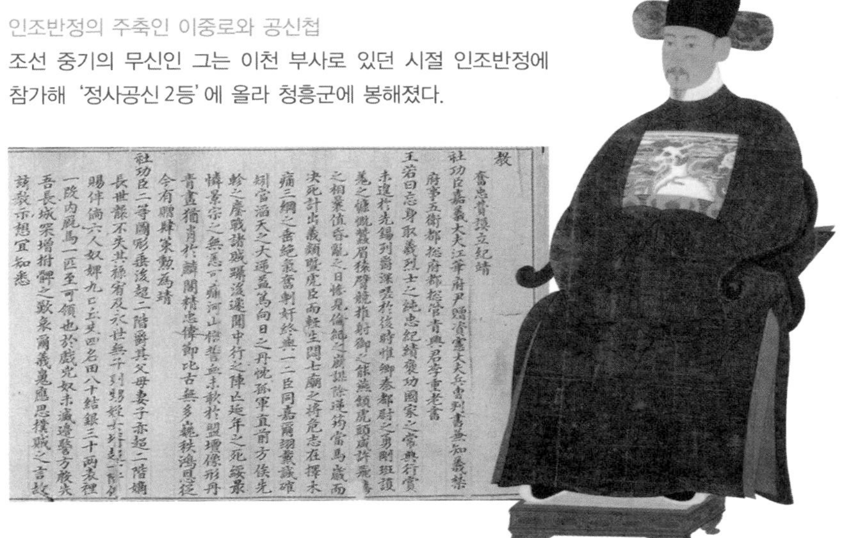

인조반정의 주축인 이중로와 공신첩

조선 중기의 무신인 그는 이천 부사로 있던 시절 인조반정에 참가해 '정사공신 2등'에 올라 청흥군에 봉해졌다.

지 못했을 뿐 아니라, 반정군 대장으로 내정되어있던 금부도사 김류(金瑬, 1571~1648)도 나타나지 않았다. 모두 불안에 떨고 있을 무렵, 장유(張維, 1587~1638)라는 사람이 와서 급보를 알렸다. 반정 음모가 새어나가 조정에서 죄인을 심문하는 국청을 설치하고, 군졸들이 반역의 무리를 체포하기 위해 사방을 뒤지고 다닌다는 것이었다.

이 절체절명의 순간, 반정 주동자 중 한 명인 이귀가 이괄에게 김류 대신 대장을 맡아달라고 요청했다. 이괄은 이 요청을 수락한 뒤 병사들에게 '의義' 라고 쓴 헝겊을 옷에 붙이게 한 뒤, 궁궐로 쳐들어갈 태세를 갖추었다. 그렇다면 진짜 대장 김류는 무엇을 하고 있었을까? 그는 반정 음모가 탄로 났다는 소식을 듣고는 망연자실하여 집에서 군졸이 오기를 기다리고 있었다. 이때 거사를 도모한 동지인 심기원(沈器遠, 1587~1644)과 원두표(元斗杓, 1593~1664)가 그에게 달려가 이렇게 외쳤다.

"거사의 마지막 순간에 어찌 금부도사가 두려워한단 말이오?"

이들은 김류에게 서둘러 군복을 입히고 지금의 독립문역 부근의 모화관慕華館으로 달려갔다. 모화관은 의주로 들어온 중국 사신이 머물던 국립 여관으로, 이름 자체가 '중화(中華, 중국의 뛰어난 문화)를 사모한다' 는 뜻을 담고 있다. 중국 사신은 이곳에서 서대문을 지나 궁궐로 들어갔다. 뒷날 1897년 개화 세력은 모화관을 헐고 그 자리에 중국으로부터의 독립을 상징하는 '독립문' 을 세웠다.

김류가 전열을 정비하고 대장의 소임을 다하기로 결심한 장소가 모화관이라는 사실은 인조반정의 역사적 의미를 상징적으로 보여준다. 반정 세력은 광해군이 후금과 평화롭게 지내는 것을 명나라에 대한 의리를 저버리는 행위라고 규탄했기 때문이다. 그들에게 중화는 오직 한족이 세운 명나라뿐이었다. 김류가 모화관에서 병사를 이끌고 집결지인 홍제원으로 갔을 때, 이서와 이중로의 군대를 아우른 반정군의 전열은 완전히 정비되어있었다. 위급한 상황에서 대장 소임을 맡았던 이괄은 진짜 대장의 등장으로 자리를 내놓아야 했다.

반정군은 지금의 홍제역 부근에서 광화문 쪽에 자리한 창의문을 지나 광해군이 있는 창덕궁으로 진격했다. 광해군은 급히 사복으로 갈아입고 궁궐 밖으로 피신했지만, 반정군에게 잡혀 인목대비 앞에 무릎을

인조반정의 중심지, 모화관
중국 사신의 숙소로 쓰이던 모화관으로 인조반정 세력이 집결했다. 명나라와의 의리를 중시한 인조반정군의 성격을 고려해볼 때, 집결지로는 최적의 선택이었다.

인조반정 세력이 진격한 창의문
한양 성곽을 쌓을 때 세운 북서문으로, 풍수지리설을 믿는 자들이 이곳의 통행을 막아야 왕조가 흥한다 하여 폐쇄했다가 중종 때 다시 열었다. 우연일까? 인조반정군은 이 문을 부수고 들어가 광해군을 몰아냈다.

꿇는 신세가 되고 말았다. 그리고 마침내 선조(宣祖, 1552~1608)의 손자인 능양군이 왕위에 오르면서 인조반정은 성공적으로 막을 내렸다.

피난길에서 먹은 팥죽 한 그릇

인조반정으로 조선의 외교 노선이 크게 바뀌었다. 인조를 추대해 정권을 잡은 서인 세력은 만주족이 세운 후금을 인정하지 않았다. 인조와 서인 세력은 광해군의 중립 정책 대신 대결 노선을 택했다. 이는 결국 후금의 침략을 불러왔고, 조선은 정묘호란(1627)과 병자호란(1636)이라는 끔찍한 전란을 겪게 되었다.

사실 광해군을 내몰고 왕위에 오른 인조의 재위 26년은 그야말로

왕이 되지 못한 '왕'

조선 시대에 반정에 의해 왕위를 빼기고 유배지에서 목숨을 잃은 왕이 둘 있었으니, 연산군과 광해군이다. 연산군은 유배 간 그해 세상을 떠났고, 광해군은 유배지 둘레에 도망가지 못하도록 가시나무를 심어두는 위리안치圍籬安置를 당했다. 이들이야말로 조선 시대 가장 파란만장한 운명의 주인공이 아니었을까.

1. 《연산군 일기》 연산군 재위 기간인 1494년 12월에서 1506년 9월까지 역사를 기록한 책. 쫓겨난 왕이라서 '실록'이라 하지 않고 '일기'라 했다.
2. 연산군 금표비 연산군이 유흥을 즐기는 곳에 일반인이 드나드는 것을 금지하기 위해 세웠다.
3. 광해군이 입었다고 추측되는 옷 당시의 섬세하고 세련된 바느질 솜씨를 확인할 수 있다.
4. 광해군의 유배 경로 강화도→태안→강화도→교동도→제주도

피난과 치욕으로 얼룩진 시간이었다. 인조는 왕위에 오른 지 얼마 되지 않았을 때도 궁궐을 떠나 피신해야 했다. '진짜 대장' 김류의 등장으로 반정군 총사령관의 지위를 내놓아야 했던 이괄이 논공행상(공로에 따라 상을 내림)에 불만을 가지고 난을 일으켰기 때문이었다.

이괄은 극도로 어려운 상황 속에서 홍제원에 가장 먼저 도착해 반정군의 사기를 북돋우며 대장 역할을 톡톡히 했었다. 하지만 반정 모의에 늦게 가담했다는 이유로 2등 공신으로 대우받다가 나중에는 평안도로 좌천되기까지 했다. 여기에 앙심을 품고 반란을 일으킨 이괄은 무서운 기세로 한양까지 쳐들어왔다.

인조는 남쪽으로 피신 가던 길에 양재역 부근을 지나게 되었다. 이때 유생들이 팥죽을 쑤어 바치자 허기에 지친 인조가 말에 탄 채로 팥죽을 먹었다고 한다. 그리하여 이곳을 '말죽거리'라 부르게 되었다고 한다. 서울 지하철 3호선 노선 북쪽에서 시작된 인조반정의 그림자가 노선 남쪽까지 드리운 셈이다.

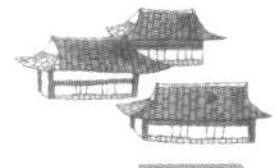

허생 따라 남촌에서 북촌 가기

3호선 충무로 – 종로3가 – 안국 – 경복궁

남산골샌님은 어떻게 큰돈을 벌었을까?

조선 후기의 현실을 날카롭게 풍자한 연암 박지원의 소설 〈허생전許生傳〉은 충무로역 근처의 남산 기슭을 배경으로 삼았다. 이곳은 예부터 가난한 양반들이 살던 곳으로 유명했다. 반면 주인공 허생과 북벌 정책을 논한 행동대장 이완(李浣, 1602~1674)을 비롯한 당시 세도가들은 안국역 일대의 북촌에 살았다. 이렇게 가난한 선비들이 사는 동네와 부유한 세도가들이 살았던 동네가 달랐으니, 왕래가 뜸한 것은 당연한 일이었다. 그러나 허생은 자주 북촌을 찾았는데 그 이유는 '북벌'과 '돈' 때문이었다.

정묘호란과 병자호란을 겪은 후, 조선의 왕자들은 청나라에 볼모로 잡혀가는 수모를 겪어야 했다. 이때 청나라로 끌려가 온갖 모욕을 당한 뒤 왕위에 오른 이가 있었으니, 바로 효종(孝宗, 1619~1659)이다. 효종은 청나라에 대한 복수를 다짐하며 이른바 '북벌(北伐, 북쪽을 정벌함)'

을 준비했고 그 중책을 훈련대장 이완에게 맡겼다.

소설 〈허생전〉은 바로 이 시기를 배경으로 조선 사회의 모순과 허황된 북벌 정책의 문제점을 풍자한 작품이다. 소설 속에서 허생은 능력도 배짱도 없이 강대국인 청나라를 치겠다고 나선 훈련대장 이완을 마음껏 조롱한다. 조롱의 뒷면에는 자신들의 권력을 지키기 위해 허황된 북벌론으로 사람들을 호도(糊塗, 근본적인 조치를 하지 않고 일시적으로 얼버무려 넘김)한 서인 세력에 대한 비판이 담겨있었다.

그러나 〈허생전〉이 쓰인 정확한 시기는 효종과 이완 대장이 북벌을 꿈꾸던 17세기에서 100년이나 지난 뒤였다. 따라서 〈허생전〉에 등장하는 사회 모습은 효종 때보다는 작가 박지원이 살았던 18세기에 가까울 가능성이 높다. 18세기는 바로 17세기에서 움튼 사회적·문화적 변화가 본격적으로 드러난 시대였다.

17세기에 모진 전쟁과 당쟁을 겪은 조선은 서서히 체제를 정비해 18세기 영·정조 시대에 제 2의 전성기를 맞았다. 이 과정에서 인조반정을 주도한 서인은 양반 가운데서도 으뜸으로 자리를 굳혀 갔고, 서인의 맞수였던 남인은 권력의 변방으로 밀려났다. 붕당 정치의 폐해를 막기 위해 영조는 당쟁을 조정하는 탕평책(蕩平策, 당파에 관계없이 인재를 등용한 정책)을 실시했지만 큰 효과를 거두지는 못했다. 정조 역시 균형 있는 정치를 위해 남인 학자를 대거 등용했지만 서인의 굳건한 지위는 전혀 흔들리지 않았다. 정조가 죽고 난 19세기에는 세도정치

조선의 르네상스, 18세기

18세기에는 기술의 발달로 농산물 수확량이 증가했을 뿐만 아니라 우리 역사를 자주적으로 바라보는 저술이 늘고, 말뿐인 논의는 버리고 '참된 것'을 찾자는 목소리가 높아졌다. 우리말로 지은 소설이 날개돋힌 듯 팔리고, 필부필부匹夫匹婦의 삶 자체가 예술이 되었다. 조선의 르네상스가 꽃피는 순간이었다.

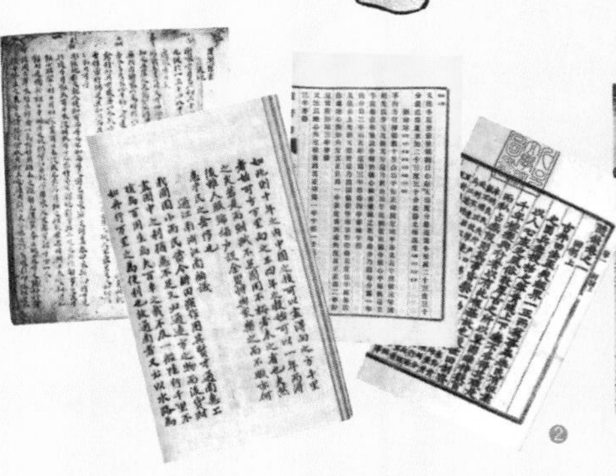

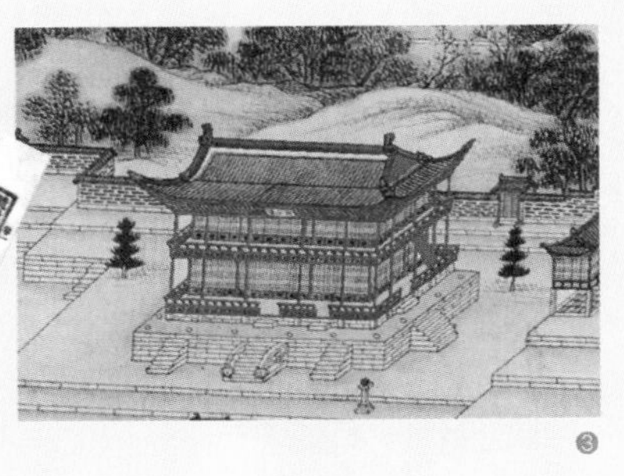

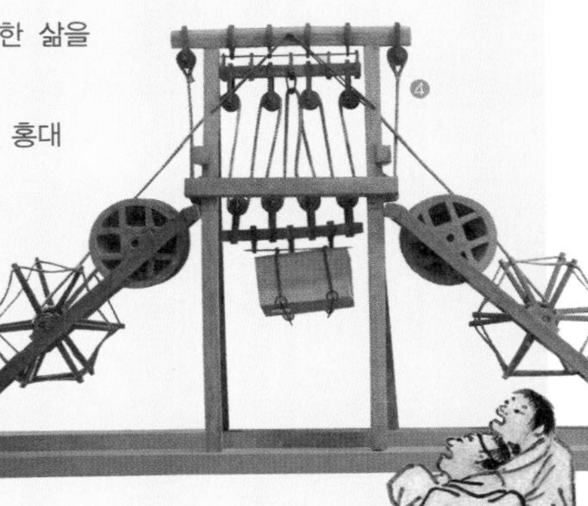

1. 김홍도의 〈씨름〉 으라차차! 그는 조선 백성의 건강한 삶을 화폭으로 옮겼다.
2. 실학 저서들 이익의 《성호사설》, 박제가의 《북학의》, 홍대용의 《담헌서》, 유형원의 《반계수록》.
3. 〈동궐도〉의 규장각 정조는 친히 이곳에서 젊은 문신들을 가르치고 함께 토론했다.
4. 거중기 정약용이 만든 건축 기기로, 도르래를 이용해 무거운 물건을 옮길 때 썼다.

"이제는 돈 좀 벌러 나가 볼까?"

〈허생전〉의 배경인 남산골

남촌의 가난한 선비들은 비가 오지 않는 날에도 나막신을 신었으니, 동네는 책 읽는 소리가 반, 딸깍발이 소리가 반이었다.

의 폐해가 극심해졌다. 서인 가운데서도 두드러진 한두 가문이 권력을 독과점하여 마음대로 주무르게 된 것이다.

양반들 간의 이 같은 대립은 거주 지역에서도 나타났다. 〈허생전〉의 허생은 지금의 서울 중구 묵정동에 살았는데, 예부터 '남촌南村'이라 불리던 이곳은 주로 가난한 양반들의 거주지였다. 남촌 양반 가운데는 권력의 중심에서 밀려난 남인이 많았다. 반면 서인 중심의 돈 많고 세력 있는 양반들은 청계천 건너인 운종가 북쪽에 몰려 살았다.

먼저 허생이 살던 남촌 집을 한번 들여다보자.

> 허생은 묵적골에 살았다. 바로 남산 밑까지 곧추 닿고 보면 거기 우물턱 위에 늙은 살구나무가 섰고 바람비를 가리지 못하는 두어 칸 초가집이 이 나무를 향하여 사립을 열고 있다. 그러나 이 집 주인인 허생은 글 읽기를 좋아하고 그의 안해(아내)는 남의 바느질품을 팔아 호구를 하였다. (…) 변 씨의 자제들과 문객들은 허생을 속절없는 비렁뱅이로 보았다. 허리띠는 해어져 속실이 이삭 패듯 나왔고, 가죽신은 뒤턱은 짜그라지고, 갓모자는 주저앉고, 중치막 자락은 구질구질 멀건 콧물이 뚝뚝 들었다.
>
> – 리상호 역, 〈열하일기〉(보리, 2004)

남산 기슭의 낡은 집에 살면서도 그저 글이나 읽던 허생은 아내가 불만을 터뜨리자 자리를 박차고 일어나 밖으로 나갔다. 이때 그의 행색이 기가 막히다. 허름한 도포에 갖신의 뒷굽은 자빠졌으며, 갓은 쭈그러진 데다 얼굴에는 맑은 콧물마저 흘리고 있었다. 그야말로 거지꼴이지만 그래도 가죽신인 '갖신'을 신었으니 다른 남산골샌님에 비해서는 나은 편이었다. 당시 남촌의 대다수 선비들은 가죽신은커녕 짚신도 사 신을 수 없는 형편이었기 때문이다. 그들은 비 오는 날에 신는 나막신을 맑은 날에도 '딸각딸각' 소리를 내며 신고 다녀야 할 정도로 가난했다. 그래서 남산골샌님을 '남산골 딸깍발이'라 부르기도 했다.

온갖 변화에도 독야청청한 북촌 양반가

아내의 성화에 집을 나선 허생은 지금의 서울 지하철 3호선 노선을 따라 남촌에서 북촌으로 갔다. 이때 그의 마음 속에는 큰돈을 벌어보겠다는 속셈이 들어있었다.

허생이 찾아간 북촌 근처, 종로3가역 북쪽에는 조선 후기 으뜸 궁궐인 창덕궁의 정문, 돈화문이 자리하고 있다. 본래 조선왕조의 왕가王家는 경복궁이었지만 임진왜란 때 불탄 이후로 창덕궁으로 옮겨졌다. 북촌은 바로 이 경복궁과 창덕궁 사이인 지금의 삼청동과 가회동 지역을 가리키는 지명이었다. 그러니까 종로3가역과 안국역 그리고 경복궁역을 잇는 서울 지하철 3호선에 조선 굴지의 부촌이 펼쳐졌던 셈이다.

북촌은 북악산을 등지고 청계천을 바라보는 배산임수背山臨水 형태를 띠고 있어서 풍수지리상으로 매우 뛰어난 명당이다. 영조 이후 권력을 독점한 서인 세력은 이 지역을 독차지했다.

물론 한양의 부촌이 북촌에만 있지는 않았다. 서인은 다시 노론과 소론으로 나뉘었는데, 세력이 더 강했던 노론은 인왕산 기슭에 자리를 잡았다. 그들은 으리으리하게 큰 집을 지어 권세를 뽐냈다. 겸재謙齋 정선(鄭敾, 1676~1759)의 〈청풍계도淸風溪圖〉(1739)를 보면 확인할 수 있다. 그림 속의 아름다운 집은 맑은 물이 콸콸 쏟아져 내리는 계곡에 자리를 잡고 있다. 그 집에는 병자호란 때

조선 시대의 '타워 팰리스'

인왕산 기슭에 있었던 김상용의 집을 그린 정선의 〈청풍계도〉다. 소나무와 전나무가 우거진 숲 사이로 자리하고 있다.

청나라에 끌려갔던 김상헌(金尙憲, 1570~1652) 의 형 김상용(金尙容, 1561~1637)이 살았다고 한다.

북촌에 도착한 허생은 사람들에게 한양에서 제일가는 부자가 누구냐고 물었다. 사람들은 모두 변씨 성을 가진 부자를 찾아가라고 했다. 변 부자를 찾은 허생은 다짜고짜 거금을 빌려 달라고 했다. 그리고는 그 돈으로 조선 팔도 곳곳에서 상품을 매점매석했다. 그리하여 그 상품이 품절되면 비싼 값을 받고 되파는 방식으로 큰 이익을 남겼다. 박지원은 허생을 통해 조선 경제의 취약성을 꼬집었던 것이다.

변 부자는 허생의 돈 버는 수완에 감탄해 이완 대장에게 북벌의 인재로 허생을 천거(인재를 어떤 자리에 쓰도록 추천함)했다. 하지만 허생은 능력도 없이 북벌을 준비하는 이완 대장을 실컷 곯려주고는 사라져버

변 부자가 살았던 북촌 한옥 마을
"한양의 제일 부자들은 어디서 사누?" 돈을 빌리러 나온 허생은 으리으리한 고택이 늘어선 북촌으로 들어섰다.

렸다. 이 이야기의 배경은 17세기 조선이지만 말하려는 바는 18세기 조선의 현실을 정확히 겨누고 있다. 당시 조선 사회가 나름대로 태평성대를 누리고는 있었지만, 변화를 더욱 촉진하고 상업을 발달시키지 않으면 결국 몰락의 길을 걸을 수밖에 없다는 경고를 보냈던 것이다. 그러나 안타깝게도 조선 사회는 거지꼴을 한 '남산골샌님' 의 충고를 받아들이지 않았다.

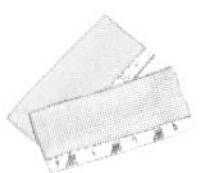

〈허생전〉의 작가, 박지원

청나라의 문물을 배워야 한다는 북학파의 대표자로 과학 기술의 도입으로 백성의 삶을 부유하게 만들자는 이용후생利用厚生의 실학을 강조했다. 그의 한문 소설은 양반 계층의 타락상을 고발하고, 새로운 현실에 눈떠 가는 인간상을 보여준다. 이러한 그의 소설과 문체는 그 당시로서는 매우 파격적이었다. 대표 저서로 청나라 여행기인 《열하일기》가 있는데, 〈허생전〉도 여기에 실려있다.

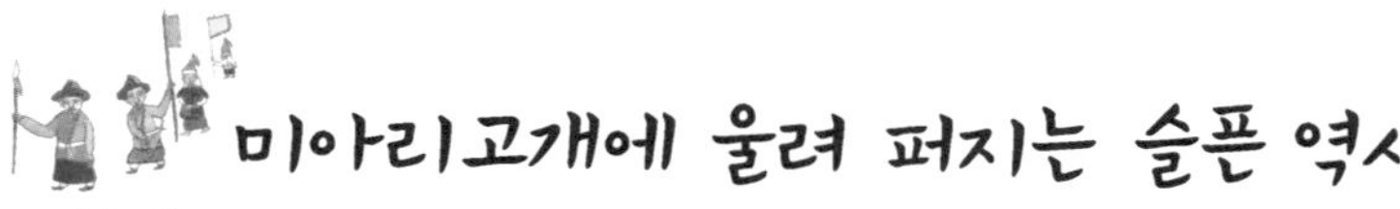

미아리고개에 울려 퍼지는 슬픈 역사

4호선 노원 – 창동 – 수유 – 미아 – 미아삼거리 – 성신여대입구 – 혜화 – 회현 – 동작

가노라 삼각산아, 다시 보자 한강수야

서울의 북쪽에서 출발해 한강을 건너 멀리 시흥까지 향하는 서울 지하철 4호선은 역사의 숨결을 잘 간직하고 있는 길이다. 이 길에는 조선 시대의 국립 여관인 원院의 터가 노원역에 남아있고, 서울에서 삼남(충청도·경상도·전라도)으로 내려가는 관문이었던 남태령 같은 교통의 요지도 자리하고 있다. 그러나 지하철 4호선에서 우리 역사를 떠올릴 때 가장 눈에 띄는 곳은 단연 미아역과 미아삼거리역이 아닐까 싶다.

한때 미아리고개는 '되너미 고개'라 불렸다. '되놈이 넘은 고개'라는 뜻의 이 이름은 1636년 병자호란 때 쳐들어온 청나라 군대를 '되놈'이라 부른 데서 유래했다.

첫 번째 호란인 정묘호란 때만 해도 후금의 군대가 한양까지 밀고 들어오지는 않았다. 강화도까지 피신한 조선의 조정이 후금의 요구를 받아들이고 강화(전쟁하던 나라들이 전투를 중지하고 조약을 맺어 평화로운 상태로 되돌아가는 일)를 맺었기 때문이었다. 그들이 요구한 첫 번째는 후금을 '형님의 나라'로 깍듯이 모시라는 것이었고, 두 번째는 명나라의 연호를 쓰지 말라는 것이었다.

이런 강화 조건은 명나라에 대한 의리를 중시하는 성리학자들에게 매우 굴욕적이었다. 더욱이 후금은 그 뒤로도 자주 국경을 침범하는가 하면 조공을 더 많이 바치라는 등 무리한 요구를 계속했다. 그러다가 1636년에는 나라 이름을 청으로 고치고 임금이 황제로 등극하더니 조선과의 관계를 형제에서 군신으로 바꾸겠다며 노골적으로 조선의 심기를 건드리기에 이르렀다.

그러자 조선에서도 청나라와의 강화를 깨자는 여론이 들끓기 시작했다. 그 즈음 인조의 비인 인열왕후(仁烈王后, 1594~1635) 국상(왕실의 장례식)에 청나라 사신이 참석하러 오자 그의 목을 베라는 의견이 빗발쳤다. 겁에 질린 청나라 사신은 몰래 말을 훔쳐 달아났다.

이에 화가 난 청나라는 이번에 확실히 조선의 무릎을 꿇게 하겠다며 그해 12월 병자호란을 일으켰다. 청나라의 10만 대군은 파죽지세로 내려와 13일 만에 개성을 함락했다. 인조는 부랴부랴 남한산성으로 피신해 항전했지만 청나라 대군을 물리치기에는 역부족이었다. 결국 인조는 이듬해 한강변의 삼전도에서 청나라 황제 앞에 무릎을 꿇는 굴욕을 맛보아야 했다.

원래 인조는 남한산성이 아닌 강화도로 피신할 생각이었다. 그런

산세를 따라 흐르는 남한산성의 성벽
신라 문무왕이 쌓은 옛 성터를 활용해 인조가 지은 성으로, 병자호란 때 45일 동안 항전한 곳이다.

데 송시열(宋時烈, 1607~1689), 최명길(崔鳴吉, 1586~1647) 등을 앞세워 숭례문을 지날 즈음 갑자기 급보가 내려왔다. 청나라 군대 일부가 이미 양천강 쪽으로 진출해 강화도로 가는 길을 막고 있다는 것이었다. 인조는 숭례문 누각 위로 올라가 이러지도 저러지도 못하다가 최명길이 청나라 장군을 만나 시간을 끄는 사이, 광희문光熙門 쪽으로 급히 방향을 틀어 남한산성으로 향했다.

인조가 갈팡질팡하던 숭례문 부근이 바로 지금의 회현역이다. 조선 시대까지만 해도 '호현방好賢坊'이라 불리던 것이 언제부터인가 '회현會賢'으로 바뀌었는데, 그 연유는 이 동네에 어진 선비들이 많이 모여 살았기 때문이라고 한다. 그 가운데는 조선 전기의 성리학자 정광필(鄭光弼, 1462~1538)을 비롯해 지금부터 만나게 될 조선 중기의 학자 김상용, 김상헌 형제도 포함되어있었다. 두 형제는 회현동에서 태어났는데, 병자호란이 일어나자 형은 왕자들과 함께 강화도로, 아우는 인조와 함께 남한산성으로 피신했다.

강화도로 간 김상용은 청나라 군대와 맞서다가 패배의 조짐이 짙어지자 화약 더미에 불을 지펴 그 위로 몸을 던졌다. 한편 남한산성으로 향한 김상헌은 송시열 등과 함께 끝까지 청나라에 맞서 싸울 것을 주장했다. 하지만 인조는 항복하기로 결정했고, 최명길에게 항복 문서를 쓰게 했다. 이를 본 김상헌은 그것을 갈기갈기 찢어버렸다고 한다.

끝내 인조가 청나라 황제 앞에 무릎 꿇는 모습을 본 김상헌은 울분을 토하며 시골로 내려갔다. 그 뒤에도 그는 청나라에 항복하는 데 찬성한 신하들을 격렬하게 비난했다. 이 소식은 청나라까지 전해졌고 급기야 그를 잡아 오라는 명령이 내려졌다.

결국 김상헌은 청나라로 끌려가게 되었다. 고향을 떠나는 그의 눈에 멀리 삼각산이 띄었다. 김상헌은 언제 다시 볼지 모르는 삼각산 봉우리를 바라보며 만감이 교차하는 심정을 시조로 남겼다.

2008년 화재가 일어나기 전의 숭례문
청나라 군대가 쳐들어오자 인조는 숭례문 누각으로 올라가 어디로 가야 할지 고민했다.

가노라 삼각산아, 다시 보자 한강수야.

고국산천을 떠나고자 하랴마는

시절이 하 수상하니 올동 말동하여라.

시조에 등장하는 삼각산은 오늘날의 북한산이다. 그래서 삼각산 아래의 양지 바른 동네를 삼양동이라 불렀다. 이곳이 현재는 미아역을 끼고 있는 미아동이다. 삼각산에 메아리친 그의 이야기와 시조는 오늘날까지도 많은 사람들에게 우국충정憂國衷情의 큰 울림을 전해주고 있다.

김상헌을 눈물 짓게 한 삼각산

끝까지 청나라에 항전할 것을 주장한 김상헌은 결국 청나라로 끌려가고 말았다. 그가 지은 시조에 등장하는 삼각산은 '백운대·인수봉·만경대' 세 봉우리가 솟아있어 붙은 이름인데, 지금의 북한산을 말한다. 영조 대의 옛 지도에는 우뚝 솟은 삼각산과 북한산성의 모습이 선명하다.

세 번 절하고 아홉 번 조아리다
'영광의 날들'만 어디 역사일까? '삼전도비'는 청나라의 침입으로 조선이 겪은 수모를 보여준다. 병자호란 당시의 상황을 새긴 왼쪽의 부조에서는 인조가 청 태종에게 절하고 있다.

청과의 한판 승부가 남긴 교훈

병자호란이 끝난 뒤 조선은 남한산성을 더욱 튼튼하게 정비하기 시작했다. 청나라 군대의 화포 공격에 쩔쩔맸던 것을 반성하며 단단한 옹성(甕城, 큰 성문을 지키기 위해 성문 밖에 쌓은 작은 도성)을 쌓는가 하면, 총과 대포를 쏠 수 있는 시설도 갖추었다. 남한산성이 있는 경기도 광주는 서울을 지키는 북쪽의 개성, 남쪽의 수원, 서쪽의 강화도와 더불어 도성을 방어하는 4대 요충지로서 '보장지지保障之地'로 지정되었다.

이처럼 전쟁이 끝난 다음 남한산성을 더욱 튼튼하게 보수한 까닭은 무엇이었을까? 그것은 전쟁을 잇따라 치르면서 국가 방위의 개념이 바뀌었기 때문이다. 전쟁이 터질 때마다 임금이 한양을 떠나는 수모를 겪은 조선 조정은 가능한 한 '도성만은 지킨다.'는 굳은 의지 아래 도성 주변의 군사 시설을 강화해 나갔다.

그러면서 인조는 지금의 천안에 있던 온조왕의 묘를 남한산성으로 옮기도록 했다. 한양과 그 주변이 오랜 옛날 백제 때부터 나라의 중심지였으며 조선이 그 맥을 이어받고 있음을 내세우기 위해서였다.

온조왕의 혼령 덕분이었을까. 그 뒤 조선은 태평성대를 누렸다. 병자호란이 끝난 지 백 년도 훨씬 지난 어느 날, 조선의 문화를 크게 일으켜 세운 정조는 꿈속에서 온조왕을 만났다고 한다. 온조왕은 정조의 인품과 업적을 칭찬하면서 이렇게 부탁했다. "혼자 있기가 쓸쓸하니 조선의 신하 가운데 명망 있는 자를 하나 곁에 두게 해주게."

그래서 1795년 정조는 병자호란 때 남한산성을 결사적으로 지키다 병으로 죽은 이서의 위패를 온조왕의 사당에 함께 모시고, 이 사당을 숭렬전崇烈殿이라 부르도록 했다. 이처럼 조선의 왕들은 대를 이어서 백제와의 끈끈한 유대감을 표현했다.

지하철 4호선을 따라 미아역과 성신여대입구역을 지나면 혜화역에 다다른다. 이 근방에는 조선 시대 국립대학이자 성리학의 산실인 성균

치욕의 역사를 국방의 바탕으로, 남한산성

플랫폼 박물관

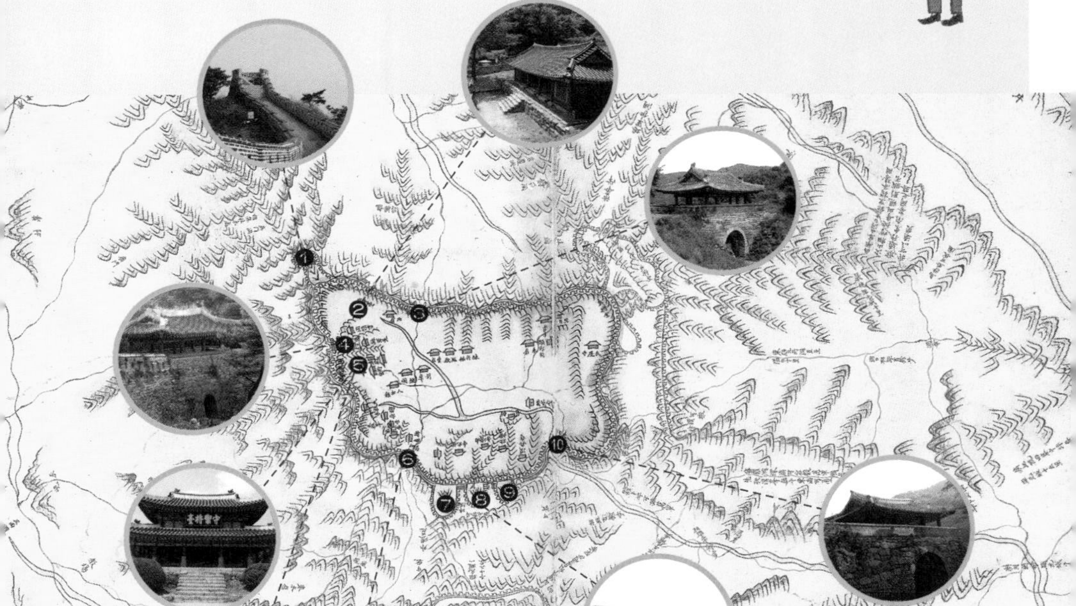

無忘樓

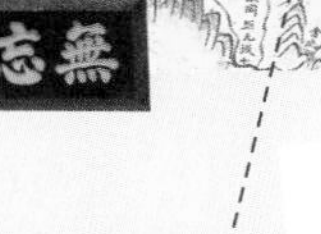

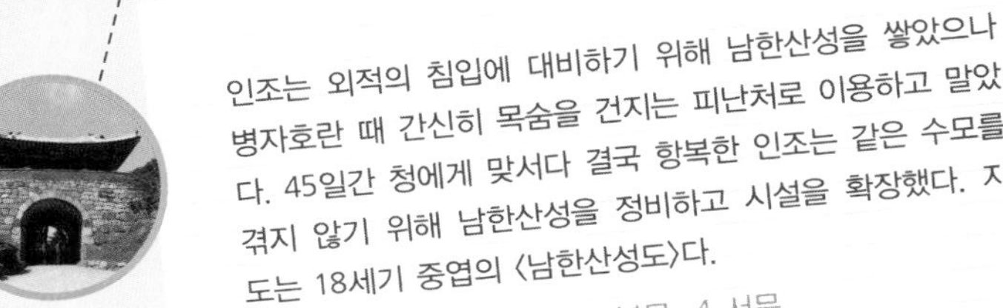
인조는 외적의 침입에 대비하기 위해 남한산성을 쌓았으나 병자호란 때 간신히 목숨을 건지는 피난처로 이용하고 말았다. 45일간 청에게 맞서다 결국 항복한 인조는 같은 수모를 겪지 않기 위해 남한산성을 정비하고 시설을 확장했다. 지도는 18세기 중엽의 〈남한산성도〉다.

1. 연주봉옹성 2. 숭렬전 3. 북문 4. 서문
5. 수어장대, 무망루 6. 남문 7. 제1남옹성
8. 제2남옹성 9. 제3남옹성 10. 동문

《조선왕조실록》에 이름이 가장 많이 오른 송시열
서인을 이끄는 대표적 학자였던 그는 청나라에 대항하자는 주장을 굽히지 않았다.

관이 자리해있다. 남한산성에서 끝까지 청나라와 싸울 것을 주장했던 송시열도 이곳 명륜동에 살았다. 그는 어찌나 많은 상소를 올리고 논쟁을 벌였는지 《조선왕조실록》에 가장 많이 거론되었다.

누구보다 나라를 생각하는 마음이 컸던 그는 끝까지 항전하자는 주장이 받아들여지지 않자, 한적한 시골로 내려가 제자들을 가르치고 학문을 닦는 데 열중했다. 그런데 인조의 뒤를 이어 등극한 효종이 그의 바람대로 적극적으로 청나라 정벌을 준비하자 송시열은 다시 한양으로 올라와 이를 적극적으로 도왔다. 그는 죽는 순간까지도 오랑캐인 청나라와 타협하지 않겠다는 의지를 굽히지 않았다.

하지만 송시열의 이렇듯 비타협적인 태도는 대외 관계에서는 큰 힘을 발휘하지 못했다. 다만 자신을 포함한 서인 세력을 강화하는 데는 한몫했다. 북벌은 좌절되었어도 송시열의 명분론은 반대파를 억누르는 효과적인 무기가 되었던 것이다.

단장의 미아리고개를 아시나요?

그로부터 3백여 년이 흐른 뒤 우리는 미아리고개를 넘어오는 군대를 다시 만난다. 이번에는 만주족 같은 이민족의 군대가 아닌 북한에서 내려온 같은 동포의 군대였다. 1950년 6월 25일, 북한군이 군사 분계선을 넘었다. 일제 식민 통치에서 벗어난 지 이제 5년째, 남북이 각각 정부를 세운 지 2년째를 맞던 해였다. 서로 끊임없는 정치 공세를 펼치고, 종종 무력 충돌을 주고받던 남과 북은 기어코 한판 전쟁을 벌이고 말았다.

북한군의 대대적인 공격에 국군은 손쓸 틈도 없이 밀려났다. 금방 의정부를 내주고 지금의 창동역 근방까지 후퇴했다. 당시 참모총장이었던 채병덕(蔡秉德, 1916~1950)은 이대로 밀려서는 안 되겠다고 생각했다. 그는 경기도 봉일천 일대를 최후의 방어선으로 삼고, 어떤 희생을 감수하고서라도 지켜야겠다고 다짐했다.

그러나 러시아제 전차를 앞세운 북한군과 비교해 국군은 너무도 무기력했다. 방어선을 지키던 국군은 6월 27일에 시작된 북한군의 공세로 탄약과 식량이 도착하기도 전에 지금의 수유역 일대를 지나 미아리고개까지 밀려났다. 그날 12시가 지나자 국군 사령부는 수도 서울을 사수하기 위해서 다시 한 번 미아리고개에 배수진을 치고 병력을 모았다.

쏟아지는 비를 맞으며 남하한 북한군은 6월 28일 새벽부터 전차포와 기관포를 쏘아서 미아리고개를 불바다로 만들어버렸다. 새벽 1시가 지나자 국군은 찾아볼 수 없었고, 북한군은 총을 쏘아대면서 유유히 고개를 넘어 지금의 성신 여대 일대를 누비기 시작했다.

이 소식을 들은 채병덕 참모총장은 미리 세워둔 비상 작전 계획을 실행에 옮기기로 했다. 어떻게든 북한군의 진격을 막아야 했다. 그는 마침내 한강 인도교와 철교를 폭파하라는 명령을 내렸다. 그날 새벽 2시 30분의 일이었다. 다리를 건너던 수많은 군인과 민간인의 목숨을 앗아 간 비극이 바로 '한강 인도교 폭파 사건'이다.

낙동강까지 밀렸던 국군이 연합군과 함께 인천 상륙 작전을 성공시키고 서울로 돌아온 것은 3개월 뒤의 일이었다. 인천 상륙 작전이 워낙 기습적으로 일어났기 때문에 북한군은 제대로 전열을 갖추지도 못한 채 급히 미아리고개를 넘어 북으로 돌아갈 수밖에 없었다. 뒷날 한국

한강 다리로 보는 한국전쟁의 비극
북한군이 빠르게 남하해 3일 만에 서울이 함락되자, 남한은 세 개의 한강 철교와 인도교를 폭파했다. 피난민들은 부서진 한강 철교를 기어올라 피난길을 떠났다.

전쟁을 '잠시' 멈추다
서로를 향해 총구를 겨눈 한국전쟁은 결국 막대한 인명 피해만 남긴 채 끝이 났다. 1953년 7월 27일 유엔군과 북한군 사이에 진행된 휴전 협정과 조인서.

전쟁이 끝나고 〈단장斷腸의 미아리고개〉라는 노래가 발표되었다. 몹시 슬퍼서 창자가 끊어질 듯하다는 내용의 이 노래에는 북한군에게 끌려가며 미아리고개를 넘어야 했던 사람들의 애달픈 사연이 담겨있다.

3년을 끈 전쟁은 휴전으로 일단락되었다. '휴전'이란, 말 그대로 전쟁을 잠시 쉬는 것일 뿐이다. 그런데 그런 휴전 상태가 전쟁 기간보다 몇십 배나 오래도록 지속되고 있다. 지하철 4호선을 타고 한강을 건너면 동작역 부근에 참전 군인의 유해가 안장된 현충원이 있다. 북한의 고위급 인사들이 이곳을 찾아와 참배한 일이 있었다. 서로 총구를 겨누던 사이였지만 전쟁의 아픔을 함께 떠안을 수밖에 없다는 것 또한 분명하다. 이 작은 화해의 장면을 계기로 다시 하나될 그날을 기대해본다.

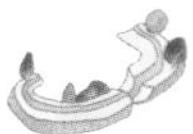

아차산에서 부르는 온달의 한강 노래

5호선 신길 – 여의도 – 여의나루 – 마포 – 아차산 – 광나루 – 천호 – 고덕 – 방이

8호선 암사 – 천호 – 몽촌토성

개로왕, 바둑 두다 한강을 빼앗기다

지하철 5호선은 서울을 동서로 관통하면서 한강을 세 번이나 강 아래로 넘나든다. 신길역과 여의도역 사이, 여의나루역과 마포역 사이 그리고 광나루역과 천호역 사이가 그렇다.

특히 이 일대는 오랜 옛날부터 한강의 중요한 나루터가 있던 곳으로 강북과 강남을 이어주었다. 그뿐 아니라 서울의 남북을 연결하는 중요한 교통로이기도 했다. 따라서 지하철 5호선의 주제는 단연 한강일 수밖에 없다. 한강에서도 가장 먼저 눈길이 가는 곳은 동쪽의 광나루역 일대다. 우리 역사의 시작인 선사 시대의 자취가 유난히 많이 남아있기 때문이다.

한강은 강원도 깊은 산골짜기에서 시작해 한반도 중부 지방을 두 갈래로 나누어 흐르다가 서울 근처에서 합쳐진다. 그 지점이 바로 경기도 양수리인데, 양수리는 '두 개의 물줄기(兩水)' 라는 뜻이다. 두 물줄기가 만나서 이룬 거대한 한강 역시 이름에 아예 '큰 강'이라는 뜻을 담고 있다.

선사 시대 사람들은 대부분 한강변에 생활 터전을 마련했다. 정착 생활을 시작하면서 주로 물고기를 잡아먹고 살았기 때문이다. 그래서 양수리에서 광나루역에 이르는 넓은 지역에는 그때의 흔적이 많이 남아있다. 양수리에는 구석기 시대의 유적이, 광나루역 건너의 암사동에는 신석기 시대의 움집 마을 터가 보존되어있다. 또 암사동 바로 옆 고덕역 근처에서는 청동기 시대의 유물로 보이는 민무늬 토기와 석기가 출토되었다.

사시사철 물줄기가 흐르고 땅이 기름진 한강변을 탐낸 선인들이 한둘이 아니었다. 그중 대표적인 인물이 바로 백제의 시조 온조다. 그는 고구려를 세운 주몽, 동명성왕東明聖王의 아들로 아버지가 배다른 형제인 유리琉璃에게 왕위를 물려주자 형 비류沸流와 함께 무리를 이끌고 남쪽으로 내려왔다. 이때 비류가 택한 곳이 미추홀, 곧 지금의 인천이고, 온조가 뿌리를 내린 위례성이 지하철 5호선의 방이역 일대다. 온조는 이곳을 도읍지로 삼고 한성이라 이름 지었다. 훗날 백제가 된 이 나라는 세련되고 다양한 문화를 자랑하는 나라로 성장했다.

온조 이야기는 전설처럼 내려오는 터라 어디까지가 진실이고 거짓인지 알 수 없다. 그렇다 해도 방이역 주변의 옛 무덤들이 한 가지 사실은 분명하게 말해준다. 고구려 사람들이 한강으로 내려와 백제를 세웠다는 점이다.

이 무덤들에서는 백제 귀족들의 유물이 출토되었다. 그런데 무덤의 형태는 압록강 주변에서 발견되는 고구려 무덤처럼 돌로 쌓은 적석총積石塚, 돌무지무덤과 비슷하다.

한성 백제의 도성은 방이역 부근에 있는 몽촌토성과 8호선 천호역 근처의 풍납토성으로 짐작된다. 그중 풍납토성은 둘레 3.7킬로미터(현재 남아있는 것은 2.7킬로미터), 면적 약 190.6제곱킬로미터, 높이가 최고 8미터에 이르는 거대한 성이다. 면적으로 따지면 여의도의 두 배가 넘는다. 그 옛날 백제 사람들이 이토록 광대한 토성을 쌓았다는 사실은

고구려와 같은 백제의 돌무지무덤
이 돌무지무덤은 백제가 현재의 충청남도 공주로 도읍지를 옮기기 전에 만든 것이다. 돌을 3단으로 쌓아 올렸으며, 크기로 보아 지위가 높은 인물의 무덤이다. 서울 석촌동에 자리한다.

그들의 건축 기술이 이미 상당한 수준이었음을 보여준다. 학자들은 이 성이 3세기 무렵 세워졌다고 짐작한다. 풍납토성은 공사가 끝난 뒤에도 계속 고쳐 지었는데, 이와 관련한 재미있는 이야기가 전한다.

때는 백제를 건국한 지 약 500년이 흐른 5세기 말이었다. 도림道琳이라는 승려가 백제 개로왕(蓋鹵王, 455~475)을 찾았다. 바둑의 고수였던 도림은 한창 바둑에 심취해 있던 왕의 마음을 금세 사로잡았다. 거칠 것이 없던 그는 왕에게 한 가지를 건의하기에 이르렀다.

"성곽과 대궐이 너무 작아 초라합니다."

이 말을 들은 개로왕은 당장 풍납토성의 보수 공사를 지시했고, 대대적으로 인부들을 동원해 힘겨운 공사를 벌였다. 그야말로 나라가 기우뚱할 정도의 대공사였다. 백성들의 원성이 높아 갈 무렵인 475년 9월, 한강 북쪽에 3만여 명의 고구려 군이 새까맣게 모여들었다. 그리고 강을 훌쩍 건너와 백제 도성을 쑥대밭으로 만들어버렸다. 개로왕은 서둘러 도림을 찾았지만 이미 사라지고 없었다. 사실 도림은 고구려 장수왕(長壽王, 394~491)이 보낸 첩자였던 것이다.

고려 때 김부식(金富軾, 1075~1151)이 쓴 역사 책 《삼국사기三國史記》의 〈개로기〉는 그때 일을 이렇게 기록하고 있다. "장수왕이 한성을 정벌하기 위해 군대를 일으켜 북성을 공격하여 7일 만에 함락시킨 뒤, 이동하여 남성을 공격했다."

여기에 나오는 '북성'과 '남성'이 어디인가를 두고 학자들은 오랫

"이렇게 지으면 천년만년 거든!"

풍납토성의 판축 기법

백제인이 쌓은 토성이 오늘날까지 끄떡 없는 비결은 무엇일까? 바로 판축 기법 덕분이다. 단순히 흙을 쌓지 않고, 나무틀을 이용해 마치 벽돌을 찍듯 하나하나 다져서 만들었다.

위성에서 바라본 풍납토성
풍납토성은 한강변에 위치한 거대한 평지 토성으로, 현재는 한강과 붙어 있는 성벽을 제외하고 북벽과 동벽, 남벽이 남아 있다.

동안 논란을 벌여왔다. 백제의 왕성(王城, 왕궁이 있는 도시)은 분명 한강변에 있었는데 정확한 위치가 오리무중이었다. 경기도 하남시의 이성산성, 천호역 부근의 풍납토성, 몽촌토성(평화의 문)역 일대가 후보지로 거론되었다. 이 가운데 가장 유력했던 곳은 남쪽에 자리 잡은 몽촌토성이었다. 1916년 조선 총독부의 고적 조사 보고를 통해 몽촌토성이 백제의 성이라 알려졌기 때문이다. 하지만 그 뒤 계속 방치되다 1980년대 초 올림픽 공원 건립을 앞두고 집중적인 발굴이 시작되었다.

그런데 십 년이라는 세월이 흐르면서 상황은 달라졌다. 몽촌토성과 그리 멀지 않은 풍납토성 내부에서 백제 시대의 유적이 발견된 것이었다. 아파트 지하 주차장을 지으려고 땅을 파다가 생긴 일이었다. 이때부터 계속 발굴한 끝에, 풍납토성이 대규모의 성이라는 사실이 밝혀졌다. 이 정도라면 왕성일 수밖에 없다는 데 많은 학자들이 동의한다.

《삼국사기》의 북성은 풍납토성, 남성은 몽촌토성일 가능성이 매우 높다는 것이다.

다시 바둑에 빠져 고구려의 침략을 당한 개로왕의 이야기로 돌아가 보자. 백제를 세운 사람들은 고구려와 피를 나눈 사이로 알려졌지만 시간이 흐르면서 끈끈한 핏줄의 정 같은 것은 사라지고 없었다. 몇 백 년이 지났으니 어쩌면 당연한 일일 터. 게다가 그전에도 백제의 근초고왕(近肖古王, ?~375)이 평양까지 쳐들어가 고구려의 고국원왕(故國原王, ?~371)을 살해한 일이 있었으니 두 나라는 이미 앙숙이었다.

백제와 고구려는 한강을 차지하기 위해 서로 한 발짝도 물러서지 않고 팽팽한 접전을 벌였다. 한반도의 허리를 감고 흐르는 한강을 점령하느냐 마느냐는 곧 한반도에서 우위를 차지하느냐 마느냐의 문제였다. 토양이 비옥한 한강 유역은 나라의 성장 거점으로 더없이 좋은 곳이었기 때문이다.

도림의 활약으로 100년 전의 치욕을 갚을 수 있었던 고구려군은 풍납토성으로 쳐들어가 개로왕을 사로잡았다. 그리고는 한강을 건너 아차산역 뒷편의 아차산성으로 끌고 갔다. 개로왕은 장수왕의 눈앞에서 목이 베였다. 고국원왕의 원수를 갚는 순간이었다. 한강을 잃은 백제는 500년 전통의 한성을 버리고 황망히 남쪽으로 내려가 지금의 충청남도 공주에 새로이 둥지를 틀었다.

백제인이 만든 한성으로 놀러오세요!

700년 가까운 역사를 자랑하는 백제가 공주와 부여를 수도로 삼은 기간은 185년에 지나지 않는다. 그렇다면 그 이전의 500년 백제 역사에서 중심지 역할을 한 곳은 어디일까? 천 년의 긴 잠에서 깨어난 유물들이 그 비밀을 밝혀준다.

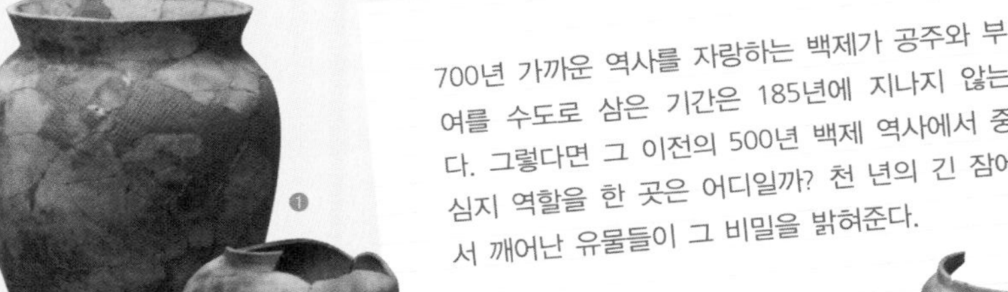

1. 풍납토성 101호 유구 토기 백제 양식으로 보이는 토기들이 쏟아져 나왔다.
2. 말머리뼈 하늘에 제사를 올릴 때 제물로 사용했다.
3. 목걸이 감색·황록색·청색·적갈색 등 다양한 유리옥으로 만들었다.
4. 말 모양 토우 흙으로 빚은 것으로, 주술적 의미를 담고 있다.
5. 불에 탄 조와 콩 백제인들은 쌀뿐 아니라 조·팥·콩 등 다양한 곡물을 즐겨 먹었다.
6. 금동신발 동판 표면에 금을 입힌 것으로, 왕과 왕족이 신었다.

고구려 온달장군, 신라군을 맞아 '아차' 하다

한강변을 차지한 장수왕은 고구려 역사상 최고의 전성기를 일구었다. 그는 한반도의 중요성을 깨닫고 도읍지를 압록강 건너편의 국내성에서 남쪽 평양으로 옮긴 뒤, 이곳을 중심으로 만주와 한반도를 지배하는 강대한 국가를 건설했다. 이 같은 고구려의 기세에 백제와 신라는 한동안 오금을 펴지 못했다. 특히 신라는 400년에 장수왕의 아버지인 광개토대왕(廣開土大王, 375~413)의 지원으로 왜구의 침략을 막아냈던 터라 고구려 앞에서는 고양이 앞의 쥐 신세였다.

그러나 쥐구멍에도 볕 들 날이 있는 법. 서서히 세력을 키운 신라는 6세기로 접어들면서 더 이상 고구려에 굽실거릴 필요가 없어졌다. 백제는 백제대로 고구려에 빼앗긴 한강을 되찾을 날만을 고대하며 이를 갈고 있었다.

결국 신라와 백제가 힘을 합쳤다. 551년 두 나라는 연합군을 편성해 고구려를 공격한 끝에 한강 유역을 차지했다. 물론 고구려도 가만있지 않았다. 고구려가 복수전에 나섰을 때 온달(溫達,?~590) 장군이 그

올림픽 대로에서 바라본 한강
한강은 한반도의 주도권을 결정하는 중요 지역이었으므로, 고구려·백제·신라의 치열한 다툼이 벌어졌다.

온달장군 전설이 전하는 아차산 제4보루
아차산 능선의 가장 북단에 자리한 이 보루는 6세기 중반 북진하는 백제와 신라 연합군을 저지하기 위한 방어기지였다. 이곳에서 발견된 사람 토우는 온달 장군의 전설을 떠올리게 한다.

선봉에 있었다. 본래 바보였으나 평원왕의 딸 평강공주와 결혼하고 고구려 최고의 장수로 거듭났다는 바로 그 온달이다.

전설에는 온달이 평민이었다고 하지만, 학자들은 신분 관념이 엄격했던 시대에 일개 평민이 공주와 결혼하는 일은 사실상 불가능했다고 말한다. 그 무렵 평양으로 천도한 고구려는 옛 국내성에 기반을 둔 귀족과 왕족 사이에 갈등을 빚고 있었다. 그때 기득권 세력을 누르기 위해 국왕 세력이 택한 동맹군이 바로 신흥 귀족인 온달이었다고 한다.

온달 장군은 군사들을 이끌고 맹렬한 공격을 퍼부어 아차산성을 되찾았다. 아차산에 올라가 보면 그리 크지 않은 성들이 옹기종기 모여있는데 여기서는 풍납토성 너머 남쪽까지 훤히 내려다보인다. 고구려군은 보루성(사방을 조망하기 좋은 낮은 봉우리에 쌓은 작은 산성)에서 먹고 자며 전투 준비도 하고 적을 감시하기도 했다.

아차산성에 올라선 온달은 한강을 품에 안기 전에는 절대 평양으로 돌아가지 않겠다고 마음속으로 다짐했다. 그러나 그의 군대는 걷잡을 수 없이 밀려오는 신라군 앞에서 '아차' 하는 순간 무너지고 말았고, 온달도 적의 화살에 맞아 짧은 생을 마감했다. 전설에 따르면 한강을 되찾지 못한 온달의 한이 얼마나 깊었던지 그의 시신을 담은 관이 꼼짝도 하지 않아 병사들이 애를 먹었다고 한다.

한강에서 고구려를 밀어낸 신라는 이미 백제도 한강 유역에서 밀어내버린 뒤였다. 이때부터 한강은 신라의 독차지였다. 그 뒤 더욱 힘을 키운 신라는 당나라의 힘을 빌려 고구려와 백제를 멸망시키고 삼국 통일을 이루었다.

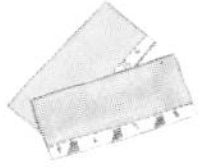

온달이 아차산성이 아닌 단양에서 전사했다?

온달이 전사한 위치에 대해서는 서울의 아차산성, 충청북도 단양의 온달산성으로 의견이 분분하다. 아차산에는 온달이 마셨다는 온달샘이 있고, 단양에는 온달동굴과 온달이 가지고 놀았다는 공깃돌이 전한다. 하지만 일반적으로 한강 유역을 두고 세 나라 사이에 싸움이 벌어졌던 아차산성이 유력한 전사지로 받아들여진다.

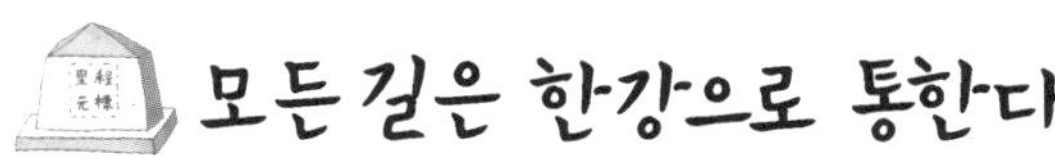

모든 길은 한강으로 통한다

5호선 광화문 – 마포 – 여의도 – 양평 – 김포공항

교통과 조운의 중심지, 광화문과 마포

한강을 두고 서로 뺏고 뺏기는 쟁탈전은 삼국 시대를 넘어 고려와 조선에 와서도 여전했다. 이제 고려부터 조선에 이르는 한강 유람을 떠나보자. 후삼국을 통일하고 민족 국가의 기반을 탄탄히 마련한 고려는 지금의 개성인 개경을 중심으로 전국을 묶는 교통로를 건설했다. 개경과 그 이남 지역을 오가는 교통로는 모두 한양을 통과했다.

예부터 왕실과 조정은 전국에서 곡식과 특산물을 세금으로 거두었다. 그 때문에 고려 시대에는 물자를 실어 나르는 조운漕運 제도가 발달했다. 개경에서 파주, 고양을 거쳐 한양으로 들어온 물자는 대개 한강을 건너 남쪽 지방으로 내려갔다.

중부 내륙 지방에서 올라오는 곡식과 특산물도 대체로 한강을 따라 한양으로 운반되었다. 이렇듯 교통과 조운의 중심지인 한강을 끼고 있는 한양은 고려 때에도 남쪽의 서울이라 불리며 특별 대우를 받았다.

경복궁 뒤에 있는 지금의 청와대 자리도 고려의 궁궐이 있던 곳이다.

고려 시대에도 이렇게 융숭한 대접을 받던 한양이니, 조선의 도읍지가 된 다음에는 더 말할 것도 없었다. 무학 대사가 찾아냈다고 하는 터에 건설한 경복궁을 중심으로 한양은 정치·경제·사회·문화 등 모든 분야의 중심지로 확고히 자리 매김을 해나갔다.

광화문역 4번 출구로 나가면 교보문고 앞에 고종 즉위 40년을 기념해 세운 비각이 보인다. 비각 안에는 '이정원표里程元標' 라는 표석이 있다. 바로 이곳이 조선 시대 길의 원점이었다. 여기서 서쪽으로는 서대문을 지나 고양, 파주와 개성을 거쳐 압록강변의 의주까지 도달하고, 동쪽으로는 동대문을 지나 광나루, 송파나루를 건넜다. 또 남쪽으로는 청계천 광통교를 지나 남대문을 통과해 서강·마포·양천 등을 거쳐 육로와 수로를 따라 서해안으로 갈 수 있었다.

광화문역에서 다섯 정거장만 가면 마포역에 이른다. 지금은 그 흔적을 찾아볼 수 없지만 마포는 조선 시대 교역의 중심지로 조선 경제에서 없어서는 안 될 중요한 곳이었다.

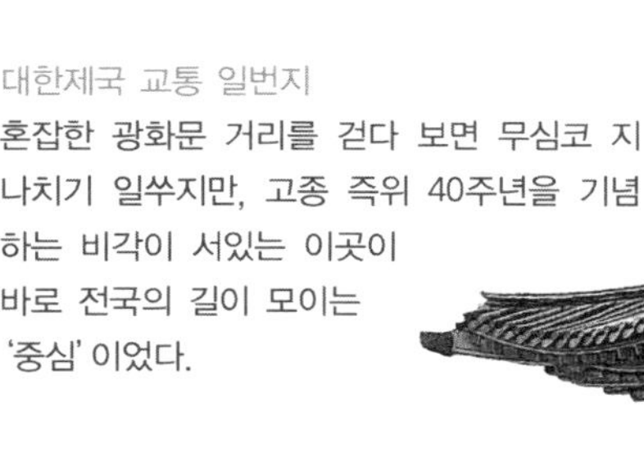

대한제국 교통 일번지
혼잡한 광화문 거리를 걷다 보면 무심코 지나치기 일쑤지만, 고종 즉위 40주년을 기념하는 비각이 서있는 이곳이 바로 전국의 길이 모이는 '중심' 이었다.

19세기 지도 〈경강부임진도京江附臨津圖〉로 보는 한강
'서울의 강'이라는 뜻으로 '경강'이라 불렸던 한강은 육상 교통이 발달하지 못한 시대에, 조운로와 교통로로 활발히 이용되었다.

경복궁을 무대로 태평성대를 누리던 조선왕조는 임진왜란과 병자호란이라는 큰 전쟁을 잇따라 겪으면서 큰 위기를 맞았다. 임진왜란 때 불타버린 경복궁은 19세기 후반 흥선대원군이 다시 지을 때까지 재건되지 못했고, 임금이 정사를 펴는 궁궐도 창덕궁으로 옮겨야 했다. 무엇보다 많은 백성이 죽었고, 농토가 황폐해졌다.

이렇듯 전쟁의 상처는 컸지만 조선 사람들은 주저앉지 않고 다시 나라를 일으켜 세웠다. 그리하여 영조와 정조가 통치하던 18세기에 다시 한 번 전성기를 누렸다. 특히 상업 활동이 활발해졌는데 그 중심지가 바로 한강이었다.

조선의 상업은 원래 국가가 관리했다. 지방에서 세금으로 내는 특산물을 한양으로 나르는 일도 국가에서 지정한 상인들이 맡았다. 그러나 17세기 말로 접어들면서 상황이 달라졌다. 각 지방 특산물로 내던 세금을 쌀로 통일하고, 이 쌀을 운반하는 일을 민간 상인에게 맡기기 시작했다.

그러나 민간 상인들은 쌀만 한양으로 실어나른 게 아니었다. 시장에서 땔감, 소금, 먹을거리 등 생활필수품도 팔았다. 한양에는 지방에 자기 땅이 있는 지주들이 많이 살았는데, 그들의 소작농이 소작료로 올려보내는 쌀도 이런 민간 상인들이 대가를 받고 운반했다. 한강변의 수많은 포구들은 강원도, 충청도, 경기도를 비롯해 전국 각지에서 몰려드는 물자와 배, 상인들로 나날이 발전해갔다.

당시에는 한강 일대를 '서울의 강'이라는 뜻에서 경강京江이라고 불렀다. 광나루에서 양화진에 이르는 경강은 한강 상류나 서해안에서 들어오는 사람과 물자로 흥청거렸는데, 특히 18세기에 번영한 곳이 마포나루였다. 이곳은 본래부터 국가에 세금으로 바치는 쌀보다 일반 백성이 쓸

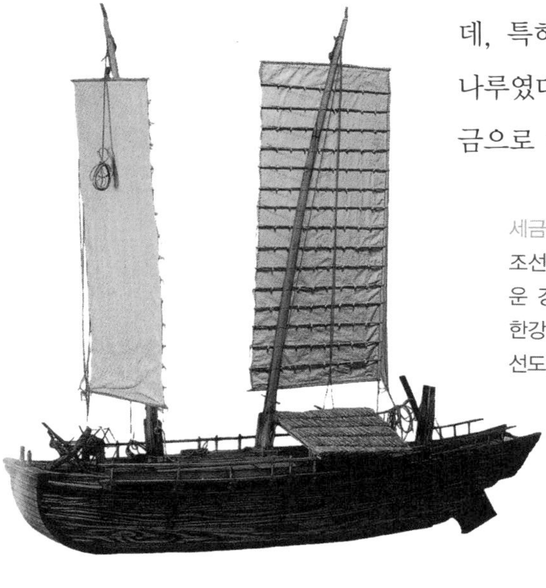

세금을 싣고 한강을 오가던 조운선
조선 시대에는 각 군현에서 거둔 쌀을 가까운 강이나 바닷가에 쌓아두었다가 물길 따라 한강으로 옮겼다. 그 당시 이용되던 배를 《각선도본各船圖本》에 따라 복원했다.

20세기 초의 마포 나루
전국에서 들어오는 곡식, 한강과 서해에서 잡아올린 수산물을 사고파는 사람들로 늘 북적였다.

새우젓, 농산물, 나무 등을 모아놓고 거래하던 장소였다. 조선 후기에는 국가보다 민간의 주도 아래 상업이 발전했기 때문에 마포는 당연히 그 중심이 되었다. 이처럼 한강은 경제와 교통의 중심지가 되어 조선 후기의 번영을 이끌었다.

여의도에서 우리나라 첫 비행기가 뜨다

지하철 5호선이 마포역을 출발해 여의도역에 이르면 역사 여행도 1920년대로 빠르게 넘어간다. 때는 우리 역사의 암흑기인 일제 강점기다. 하지만 일본의 침략과 수탈에 시달리던 이 시기는 우리 민족의 자존심이 깨어나던 민족사의 여명기이기도 했다.

1922년 12월 10일, 여의도의 차가운 하늘 위로 조선 민족의 자존심을 실은 비행기가 사뿐히 날아올랐다. 이 비행기는 일본에서 들여

第八百三十四號 (三)

故國同胞에게 衷情을 訴하노라

宿願이든訪問飛行의第一日에臨하야

安昌男 手記

우리나라 최초의 비행사, 안창남

1960년대까지 여의도에는 비행장이 있었는데, 이곳에서 한국 최초의 비행사 안창남의 금강호가 떴다. 그는 독립운동을 위해 비행술을 배운 의인義人이었다. 오른쪽 사진은 1922년에 있었던 '고국 방문 대비행' 행사에 관한 동아일보 기사. '고국동포에게 충정을 허하노라.' 라는 문구가 눈에 띈다.

온 부품으로 만들어졌고, 이것을 모는 조종사 역시 일본에서 조종을 배운 사람이었다. 그러나 분명 조선의 비행기 '금강호' 였고, 조종사도 조선 사람 안창남(安昌男, 1900~1930)이었다. 여의도에 인산인해를 이룬 수많은 시민들은 우리나라 사람이 우리 땅에서 처음으로 시도한 비행을 지켜보며 환호와 박수갈채를 보냈다. 노산鷺山 이은상(李殷相, 1903~1982)은 이 비행을 보고 이렇게 노래했다.

> 떴다 보아라 무엇이 떴느냐
> 우편국 마당에 님 소식 떴구나
> 떴다 보아라 안창남 비행기
> 내려다 보아라 엄복동■ 자전거
>
> — 이은상의 〈안창남 비행기〉

■ 일제 강점기, 자전거 대회에서 일본 선수를 꺾고 우승해 우리 민족의 자긍심을 심어준 자전거 선수

시름일랑 저 물에 풀고, 한강수 사람들

플랫폼 박물관

조선 시대, 한강 주변에는 어떤 일들이 벌어졌을까? 갓 잡아올린 싱싱한 생선을 팔려는 장사꾼들이 북적댔고, 지방에서 올라온 물건들이 커다란 창고에 차곡차곡 쌓였다. 팔도의 사람과 산물이 모이는 '한강 전성 시대'였던 셈이다.

1. 마포 나루 행상들 김홍도와 신윤복의 풍속화에는 상업이 발달하던 시대의 모습이 생생하게 나타나있다.
2. 한강물 얼음을 자르는 모습 냉장고가 없던 시절에는 꽁꽁 언 한강수가 얼음으로 애용되었다. 얼음 집게와 얼음 써는 도구들.
3. 한강 나루터 다리가 놓이기 전 한강을 건널 수 있는 수단은 배가 유일했다.

조선 시대까지만 해도 여의도는 목축장이나 척박한 농지로 사용되었다. 조선을 강제로 차지한 일제는 그 터를 갈고 닦아 1916년에 우리나라 최초의 비행장을 만들었다. 1929년 4월에는 여의도 비행장이 일본과 한국, 만주를 잇는 항공 수송의 요지가 되어 더욱 넓혀졌다. 양평역 가까운 곳에 있는 선유도는 원래 선유봉이라는 작은 산이었지만 일제가 비행장 공사에 쓰려고 깎아내는 바람에 지금처럼 평지가 되었다고 한다.

당시 여의도 비행장은 일제의 대륙 침략을 위한 기지였다. 그곳에서 비행을 선보인 안창남은 독립 운동을 하기 위해 중국 상하이로 건너가 일제와 싸우다 안타깝게 비행기 사고로 숨졌다. 그러나 그의 뜻을 이어받은 선열들은 마침내 독립을 이루었다.

1958년에는 우리 손으로 만든 김포 국제공항을 열어 안창남의 후예들이 모는 비행기를 세계 각국으로 띄워 보냈다. 1971년부터는 여의도 공항이 폐쇄되면서 김포 국제공항으로 모든 기능이 옮겨졌다. 그리고 30여 년이 지난 지금은 인천 영종도에 세계 굴지의 인천 국제공항이 세워져 그 역할을 대신하고 있다. 현재 김포 공항은 국내선 중심으로 역할이 줄어들었다. 한강을 따라 유유히 발전해 온 우리나라 교통과 운송의 역사는 이처럼 여의도를 지나면서 수난과 역경 속에서도 발전을 거듭했다.

한양의 산수를 누비다

6호선 봉화산 – 동묘앞 – 신당 – 버티고개 – 한강진 – 이태원 – 광흥창

산을 따라 달리다

지금이야 전 세계가 인터넷으로 연결된 첨단 과학 문명 시대지만 조선 시대까지만 해도 봉화가 '특급 통신수단' 이었다. 함경도 국경 지대에 변란이 생기면 산봉우리마다 봉화를 피워 한양에 있는 목멱산(지금의 남산) 봉수대에 소식을 전했다.

6호선의 시발역인 봉화산역도 봉화를 피우던 산이 근처에 있어 이름이 그렇게 붙었는데, 봉화를 올리던 곳은 아차산 봉수대(조선 시대에는 서울의 아차산·용마산·망우산·봉화산을 모두 아차산이라 불렀음)라 불렸다. 아차산 봉수대는 함경도와 강원도의 산봉우리들을 거쳐 온 봉화를 받아 목멱산에 전달해주는, 이를테면 한양 교외의 중계소였다.

함경도 두만강가의 망덕산 봉수대에서 목멱산 봉수대까지 봉화 신호가 도달하는 데는 12시간 정도 걸렸다고 한다. 조선 시대의 교통 통신 사정을 감안하면 그야말로 특급 통신이 아닐 수 없다. 오늘날 전파 중계소를 설치한 산봉우리들이 그 옛날 봉수대가 있던 자리라는 점을 보면 봉화가 얼마나 과학적이었는지 미루어 짐작할 수 있다.

이처럼 중요한 역할을 하던 아차산은 조선 시대의 왕도인 한양을 밖에서 감싸 안은 '외사산外四山' 가운데 하나였다. 외사산은 마을이나 도시를 바깥에서 감싸고 도는 '조산祖山' 가운데 두드러진 네 개의 산을 가리킨다. 동쪽의 아차산, 서쪽의 덕양산, 남쪽의 관악산, 북쪽의 북한산이 한양의 외사산이다. 이들 외사산 사이를 흐르는 한강은 한양의 바깥쪽을 감돌아 흐른다고 하여 한양의 '외수外水'라 불렀다.

아차산을 포함한 조산들은 한양 바깥에 자리 잡아 한양과 교외의 경계를 이루고 있었다. 이러한 조산에서 갈라져 나와 한양 도성의 동서남북을 아늑하게 감싸고 있는 작은 산들을 '내사산內四山'이라고 한다. 우리 조상들은 내사산이 동서남북을 지키는 상상의 동물인 사신(四神, 천지의 사방을 맡아 다스리는 신으로, 동쪽의 청룡, 서쪽의 백호, 남쪽의 주작, 북쪽의 현무를 가리킴)을 상징한다고 생각했다. 북쪽에 자리 잡고 도성을 내려다보는 백악산(북악산)은 주산主山에 해당하는데, 이는 북쪽을 지키는 신령인 현무로 여

아차산의 봉수대
조선 시대에는 불을 피워 위급한 일을 알리는 봉화가 가장 빠른 통신 방법이었다.

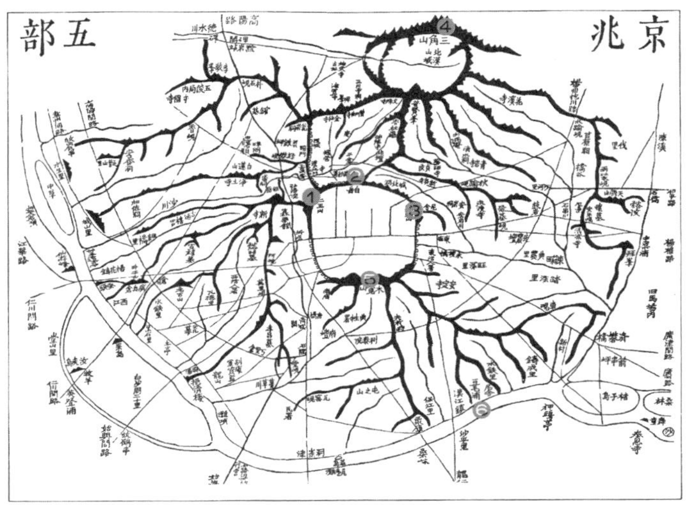

한양의 산들

외사산 가운데 하나인 삼각산에서 뻗어나온 산줄기가 한양을 감싸면서 백악산·인왕산·타락산·목멱산으로 이어진다. 김정호의 〈대동여지도〉 가운데 도성 부분이다.

1. 인왕산 2. 백악산(북악산) 3. 타락산 4. 삼각산(북한산) 5. 목멱산(남산) 6. 한강

겨져 '후현무'라 불렀다. 안산安山에 해당하는 남쪽의 목멱산은 '전주작', 동쪽의 타락산(지금의 대학로 부근의 낙산)은 주산의 왼쪽에 있다고 해서 '좌청룡', 서쪽의 인왕산은 '우백호'라 하였다.

한양은 내사산으로 둘러싸인 아늑한 분지로, 그 한가운데 '내수內水'인 청계천이 흘렀다. 청계천은 내사산에서 흘러내린 물이 모여 형성된 개천이다. 이처럼 산과 강이 적절히 어우러진 한양은 명당 중의 명당이었다.

한강을 따라 달리다

동묘앞역이라는 이름의 유래가 된 '동묘'는 중국 고전 소설《삼국지연의三國志演義》에 나오는 관우(關羽, ?~219)의 사당을 가리킨다. 관우는 위魏, 촉蜀, 오吳가 중원의 패권을 놓고 다투던 삼국 시대 촉나라 사람으로, 사실 우리 역사에 관여한 적이 없다. 그런데 우리 조상들이 사당까지 지은 것은 유비, 장비와 형제의 맹세를 하고 죽을 때까지 의리와 충성을 다한 관우의 포용력과 용맹을 크게 사랑했기 때문이다. 특히 무속 신앙에서 '신'으로 추앙받을 정도로 민중의 사랑이 각별했다.

관우의 이야기는 청계천을 건너 신당역까지 흘러 들어간다. '신당'이란 이름은 이곳에 무당 집이 많은 데서 유래했는데, 아마 그 옛날 무당 집에도 관우 초상이 적지 않게 걸려있었을 것이다.

한양의 내수인 청계천을 사이에 두고 있는 동묘앞역과 신당역 가까이에는 다산교茶山橋, 영도교永渡橋, 오간수교五間水橋 등 유명한 청계천의 다리가 있다. 특히 영도교는 왕위를 빼앗기고 귀양을 가던 단종과 그의 부인 정순왕후가 영영 이별한 곳이라 해서 붙은 이름이라 하니, 더더욱 슬픔을 자아낸다.

오간수교는 본래 오간수문五間水門이라고 하여 청계천 물을 도성 밖으로 내보내는 다섯 칸짜리 수문이 있던 자리다. 이곳을 다리가 아닌 문이라 부르는 이유는 동대문에서 남쪽으로 이어지는 도성의 일부였기 때문이다. 당시 오간수문은 성의 안팎을 가르는 경계였다.

영조가 진두지휘한 청계천 공사

영조는 홍수 피해를 막기 위해 청계천 물이 중랑포로 빠져나가는 오간수문 공사를 대대적으로 실시했다. 공사를 위해 '준천사濬川司'라는 관청을 따로 만들고 20만 명에 이르는 인부를 동원했다. 공사 기간에는 직접 오간수문을 찾아 상황을 살피기도 했다. 그림은 일종의 공사 보고서인 《어전준첩제명첩》에 실린 〈수문상친림관역도〉.

1. 어좌 임금의 모습을 그리지 않는 예법에 따라 의자만 그렸다.
2. 굄돌 물이 수문을 통과할 때 저항을 줄이기 위해 설치한 삼각형 돌. 위에는 거북이 장식을 해놓았다.
3. 언덕 위 구경꾼들 대공사도 보고 임금님 얼굴도 볼 겸 몰려나왔다.
4. 3인 1조 가래질 흙을 파헤치는 기구인 '가래'로 개천 바닥을 퍼내고 있다.

"조선 시대 한양에서 인구 밀도 제일 높은 동네는 아마도 청계천 주변이었을 걸."

조선 시대 청계천 사람들

1. 전기수(소설 낭독가) 사람 많은 곳에 자리 잡고 앉아 소설책을 읽어주었다.
2. 의원 청계천 주변인 을지로에는 의원이 써준 처방전대로 약을 지어주는 약재상이 많았다.
3. 역관 돈 많은 중인들이 모여 살았는데, 외국어에 능통한 역관들도 그중 하나였다.
4. 땅꾼 청계천 근처에서 살면서 약재에 필요한 뱀이나 두더지 등을 잡았다.

〈수문상친림관역도水門上親臨觀役圖〉라는 조선 시대의 유명한 기록화를 보면 영조가 오간수문 위에 앉아 인부들이 청계천 바닥을 파내 넓히는 광경을 지켜보고 있다. 청계천은 한양의 하수 역할을 하는 중요한 하천이었는데, 자주 범람하여 물길이 변하고 토사가 쌓여 강물이 제대로 흐르지 않는 등 문제가 많았다. 그래서 1760년 영조는 오랜 논의를 거친 끝에 20만 명을 동원하여 대대적인 '청계천 넓히기 공사'를 벌였다.

청계천은 오간수문을 지나 동쪽으로 흐르다가 북쪽에서 내려오는 중랑천을 만나 한강으로 흘러들어 간다. 파리나 런던 같은 유럽의 유명한 도시에 가서 센Seine 강이나 템스Thames 강 등 그 도시를 상징하는 하천을 보면 생각보다 규모가 크지 않다. 전 세계적으로 한강처럼 큰 강을 끼고 발달한 도시는 찾아보기 힘들다. 사실 한양을 상징하는 강은 외수인 한강이라기보다는 내수인 청계천이었다. 그러나 오늘날은 강남과 강북을 아우르는 한강이 서울의 팽창과 발전을 상징하는 강이라 할 수 있다.

청계천을 건너 한강진을 향하다 보면 버티고개역을 만나게 된다. 옛날, 한양을 순찰하던 순라군(도둑·화재 등을 막기 위해 순찰하던 군졸)이 종종 이 고개를 넘어 도망치는 도둑을 쫓았다고 한다. 이때 순라군은 "번도番盜!"라고 소리치며 도둑을 쫓았는데 이 말이 '번티'로 변했다가 다시 '버티'가 되었다고 한다. 이는 조선 시대 한양에 제법 도둑이 들끓었음을 말해준다. 상업이 발달하여 많은 물건이 거래되면서 남의 물건을 노리는 도둑이 늘어났던 것이다.

한강진역 부근은 물품을 가득 싣고 한강을 통해 서울로 들어오는 배들이 정박하던 나루터 가운데 하나였다. 그 다음 역인 이태원은 배를 타고 들어온 상인이나 여행자들이 묵던 국립 여관촌이었다.

왕실이나 조정에서 쓸 목적으로 들여온 곡물과 각종 물품은 도성 주변에 마련된 창고에 쌓아놓았다가 필요할 때마다 관청에 보급되었다. 와우산 아래에 있는 광흥창역이 이러한 국립 창고 가운데 하나다. 이 창고는 1392년 호조戶曹의 예속 기관으로 설치되었는데, 경기와 삼남 지방에서 거두어들인 쌀을 보관했다가 관리들의 녹봉(벼슬아치에게 임금으로 나누어주던 금품)을 지급했다. 1년에 쌀 19,000석, 대두大豆 18,000석을 보관할 정도로 그 규모가 컸다. '크고 넉넉한 창고'라는 뜻의 '광흥창廣興倉'이라는 이름은 여기서 유래되었다. 이처럼 한강은 한양과 지방을 연결해주며 한양 땅을 넉넉하게 휘돌아 흘렀다.

동묘

관우의 제사를 지내는 사당으로 원래의 명칭은 동관왕묘다. 임진왜란 때 조선과 명나라가 성스러운 관우 장군에게 덕을 입어 왜군을 물리쳤다고 여겨, 명나라 왕이 직접 액자를 써서 보내와 짓게 되었다. 선조 32년에 공사를 시작해 2년 뒤인 1601년에 완성했다. 현재 건물 안에는 관우의 목조상과 그의 친족인 관평, 주창 등 4명의 상이 모셔져있다.

노를 저어라, 물결 타고 가자

유람선이나 제트 보트가 떠다니는 지금과 달리, 그 옛날 한강변에는 멋진 돛을 펼친 다양한 배들이 다녔다. 물자를 실어나르던 돛단배부터 사람들이 타고 다니던 나룻배까지, 역사 속의 배들을 구경해보자.

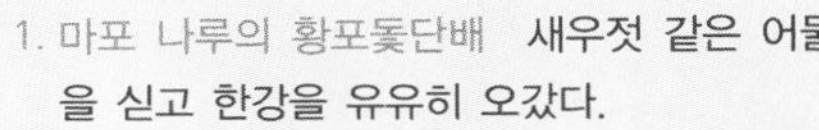

1. 마포 나루의 황포돛단배 새우젓 같은 어물을 싣고 한강을 유유히 오갔다.
2. 증기를 이용한 한강 여객선 20세기 초반 등장해 마포와 인천을 운항했다.
3. 신라의 목선 신라 시대에 사용한 나무로 만든 작은 배로, 이성 산성 터에서 출토되었다.
4. 나룻배 사람들이 흔히 타고 다녔던 배로, 돛이 없으며 크기가 매우 작다. 1960년대까지 이런 배들이 한강을 오갔다.

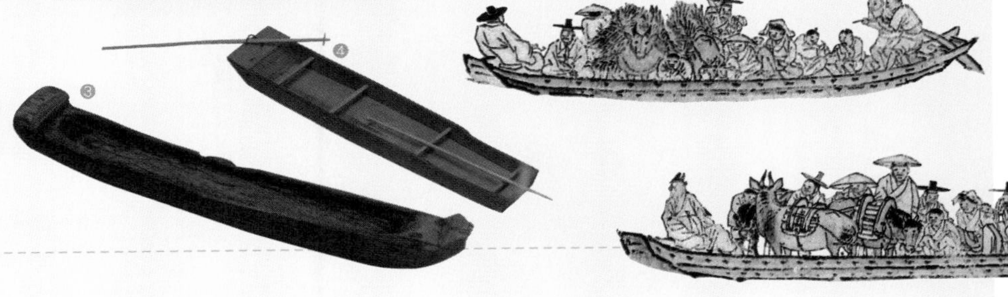

갈아타는 곳

"반정만 성공하면
될 줄 알았는데,
되고 나니까 더 힘드네."

왕위에 오른 이후, 인조는
정묘호란, 병자호란을 겪으며
결국 청 태종 앞에서
무릎까지 꿇는 수모를 겪었다.

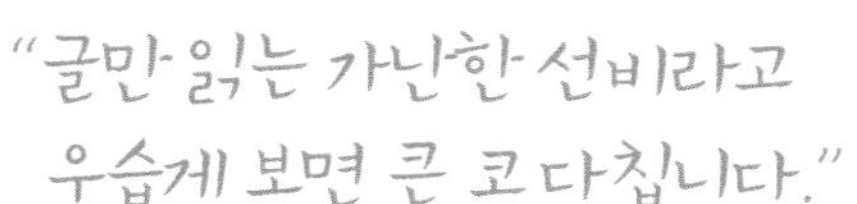

박지원은 〈허생전〉을 통해
조선의 취약한 경제 사정을 한껏 풍자했다.

병자호란 때 김상헌은 최명길이 쓴 항복 문서를 울분에 차 찢어버렸다.

"아니,
바둑 두다 이게 웬 일이야?"

백제의 개로왕은
고구려의 첩자 도림에게 속아
한강 유역을 잃었다.

"내가 우리나라
최초 비행사!"

안창남은 일본에서 비행술을 배웠지만 그 누구보다 열렬한 독립 운동가였다.

영동선
중앙선
태백선
전라선
경원선
경전선

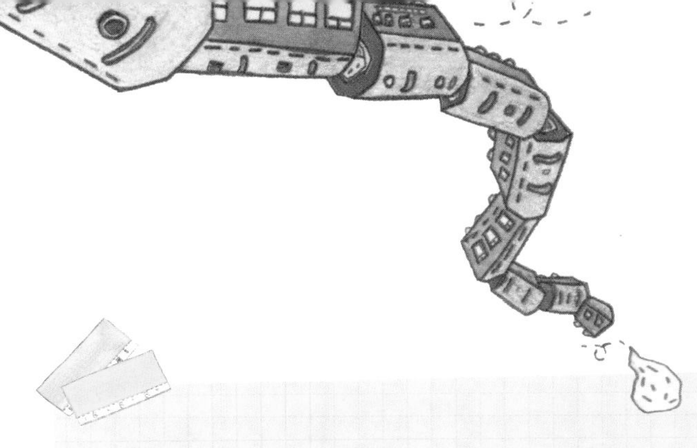

지하철 史호선 저 멀리 떠나가네.

한양 산수 다 누비며 우리 역사 유랑했네.

이곳저곳 숨은 얘기, 아쉽지 아니한가.

플랫폼에 다시 서서 역사 특급 기다리세.

다 못 달려 서럽지만 경원선 따라가고

경의선은 기세 등등 대륙을 향해 가네.

태백선 타고 올라 단종 임금 만나보니,

구구절절 숨은 사연, 눈물 없인 못 듣겠네.

중앙선 타고 가니 글 읽는 소리 낭랑하고

경상·전라 철길마다 충무공 자취 있네.

팔도강산 방방곡곡 발로 찾는 우리 역사

역사 특급 도착하니 이제부터 출발!

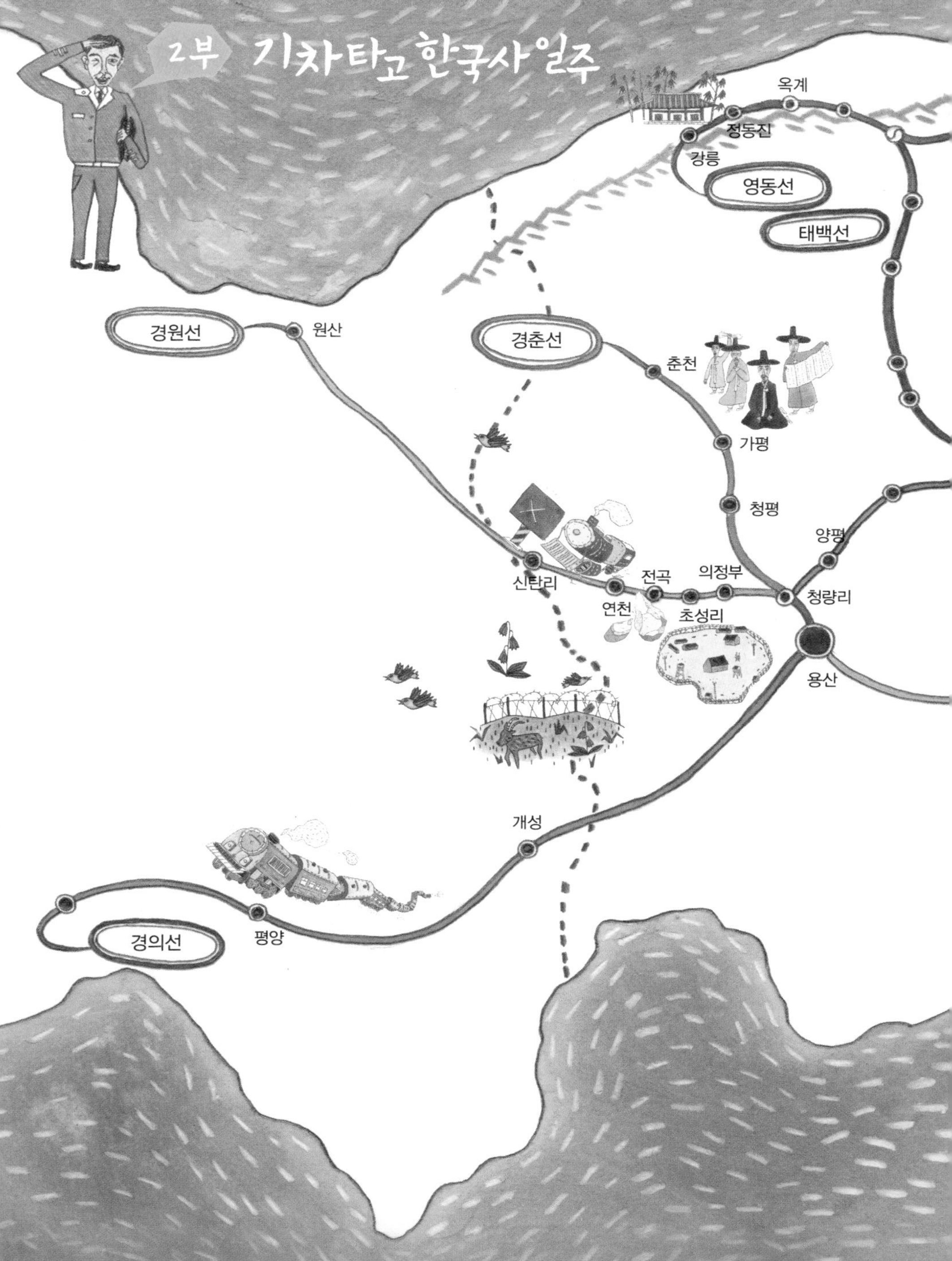

2부 기차타고 한국사 일주
옥계
정동진
강릉
영동선
태백선
경원선
원산
경춘선
춘천
가평
청평
양평
신탄리
전곡
의정부
청량리
연천
초성리
용산
개성
평양
경의선

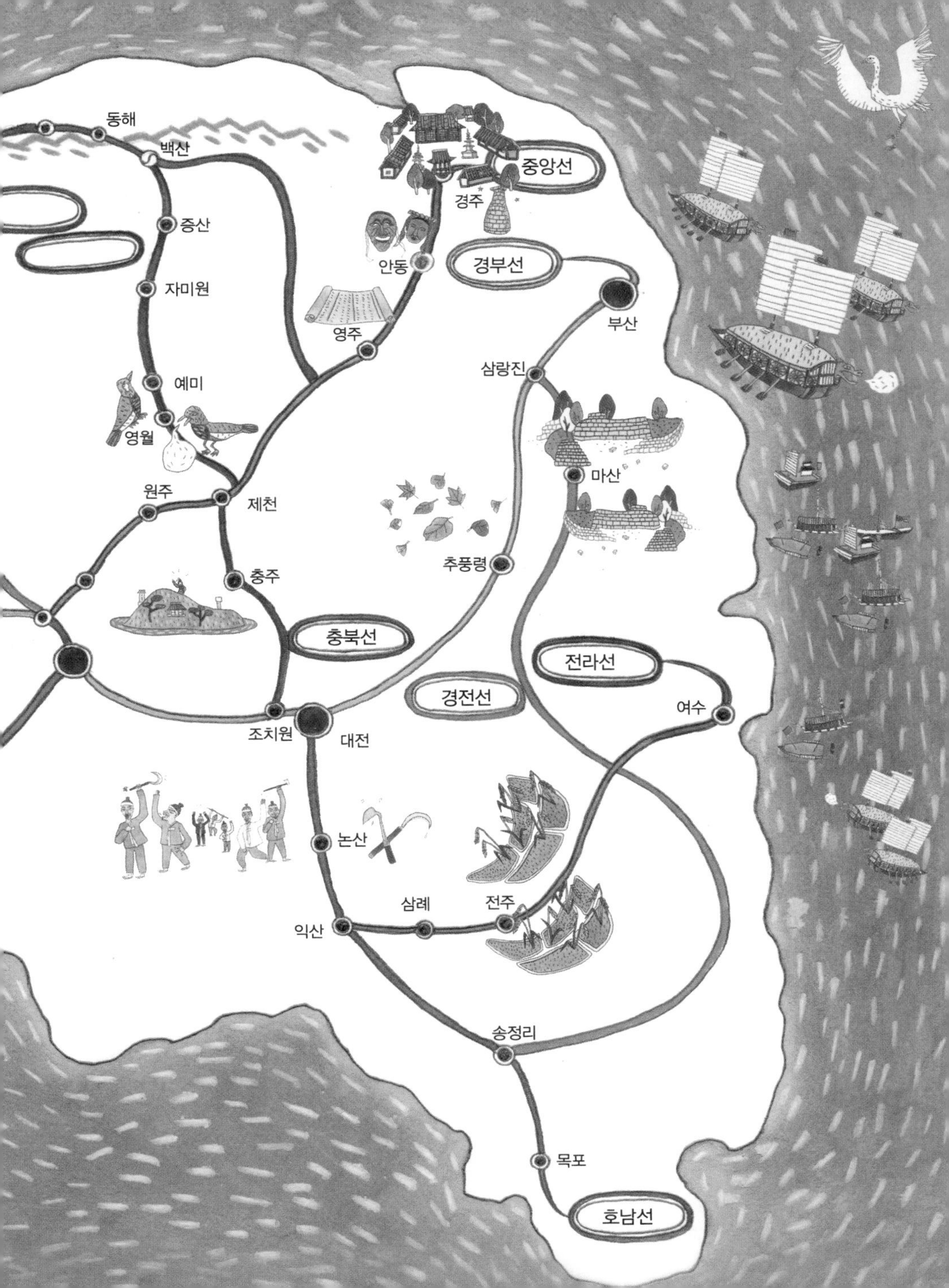

동해
백산
중앙선
경주
증산
안동
경부선
자미원
부산
영주
삼랑진
예미
영월
마산
원주
제천
충주
추풍령
충북선
전라선
경전선
여수
조치원
대전
논산
삼례
전주
익산
송정리
목포
호남선

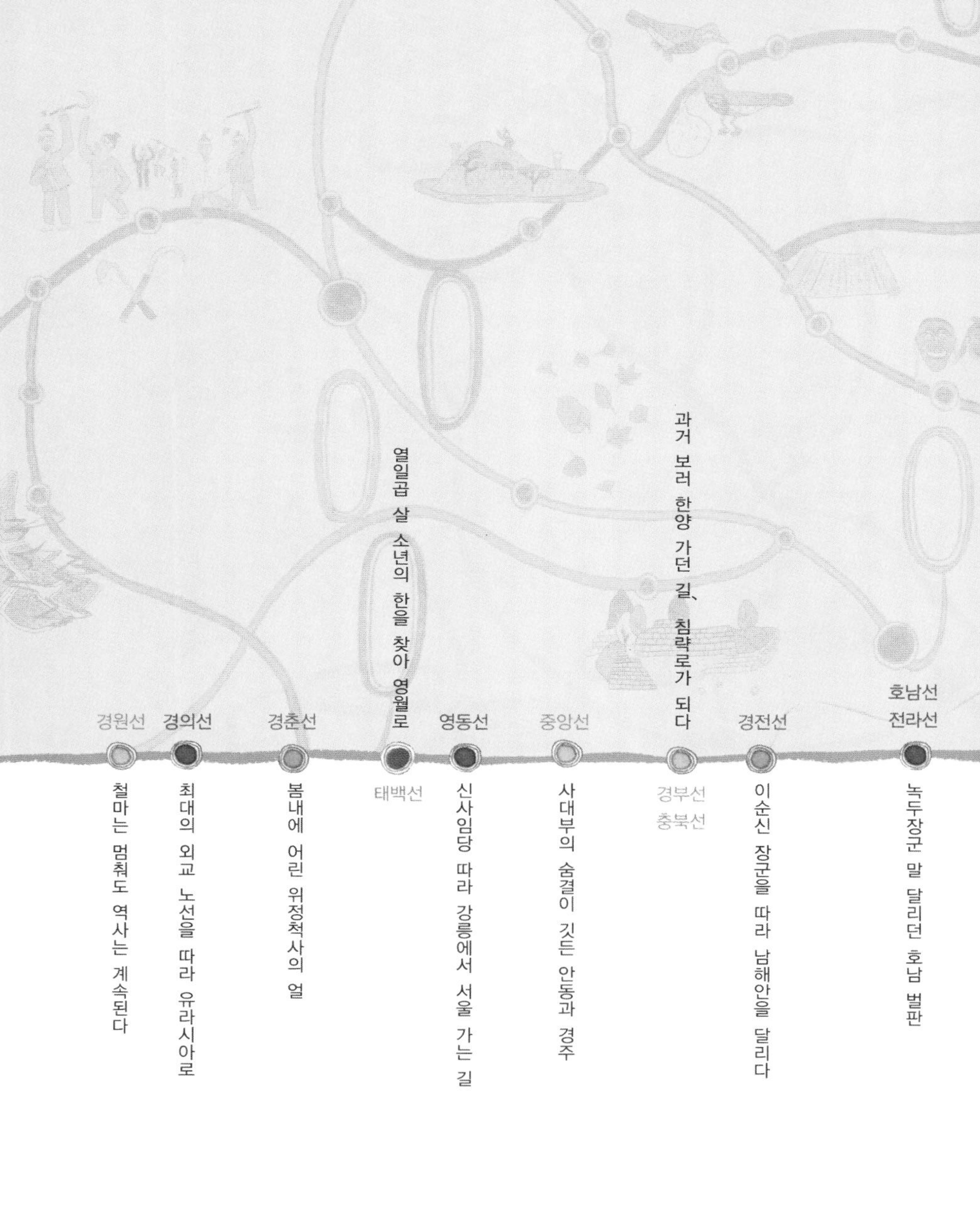

경원선
철마는 멈춰도 역사는 계속된다

경의선
최대의 외교 노선을 따라 유라시아로

경춘선
봄내에 어린 위정척사의 얼

태백선
열일곱 살 소년의 한을 찾아 영월로

영동선
신사임당 따라 강릉에서 서울 가는 길

중앙선
사대부의 숨결이 깃든 안동과 경주

경부선
충북선
과거 보러 한양 가던 길, 침략로가 되다

경전선
이순신 장군을 따라 남해안을 달리다

호남선
전라선
녹두장군 말 달리던 호남 벌판

한반도 역사특급을 타다

전국을 일주하는 한반도 역사 특급으로 갈아탔다. 이번에는 휴전선을 지나 '역사의 길', '외교의 길' 경의선을 따라 북녘 땅까지 찾아갈 것이다. 다시 남으로 내려오면 춘천에서는 외세 침략에 맞서 서책을 덮고 창을 들었던 선비들이, 강릉에서는 위풍당당한 현모양처 신사임당이, 영월에서는 비정한 권력에 꽃처럼 지고 만 단종의 영혼이, 안동과 경주에서는 고즈넉한 한옥 마을의 양반들이 우리를 기다린다. 경전선에서 만나는 난세의 영웅 충무공 이순신, 백성들과 함께 힘껏 떨치고 일어선 녹두장군도 빼놓을 수 없다.

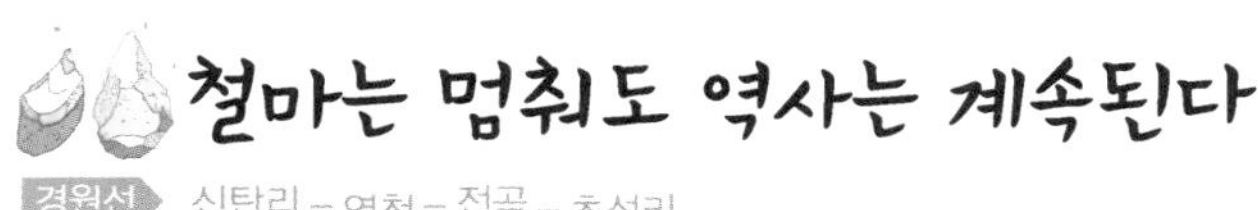

역사의 아픈 정거장, 철도 중단역

뉴스에 빠짐없이 나오는 일기예보를 듣다보면 좀처럼 이해하기 어려운 표현이 하나 등장한다. 우리나라의 영토는 사실상 휴전선 남쪽이므로, 그 주변인 경기도와 강원도는 '북부'에 해당한다. 그러나 기상 캐스터는 굳이 그곳을 '중부'라고 말한다. 그렇다면 과연 '북부'는 어디일까? 기상 캐스터의 표현대로라면 휴전선 너머 한참 더 올라간 평안도와 함경도 쪽이다.

남한만 따지자면 북부가 되어야 할 곳을 우리는 중부라고 부르면서 지난 60년을 살아왔다. 우리나라 헌법에서도 영토를 한반도 전체로 규정하고 있다. '우리나라의 국내 총생산', '우리나라의 평균 수명' 등 일상생활에서 표현하는 '우리나라'는 대개 남한만 가리키는데도 말이다.

이처럼 언어생활에 혼란을 가져온 분단 현실은 역사 공부를 하는

신탄리 철도 중단점
우리 분단 현실을 생생히 목격할 수 있는 곳이 바로 신탄리역이다. 이 철길 위로 옛날에는 서울과 원산을 잇는 경원선 열차가 달렸지만, 분단이 되면서 더 이상 철마가 달릴 수 없는 슬픈 철길이 되었다.

데도 커다란 장애물이다. 철도를 따라 조상의 발자취를 찾아보려는 큰 뜻에도 불구하고, 우리가 출발하는 최북단은 고작 우리나라의 중부일 수밖에 없다. 기차가 더 이상 북으로 가지 못하기 때문이다.

우리나라 최북단 역인 경원선의 신탄리역은 휴전선에서 남쪽으로 4킬로미터 떨어져있다. '철도 중단역' 표지판이 서있는 이곳은 휴전선과 가까워 실향민들이 많이 찾는다.

경원선 주변 지역은 고대산과 소요산 그리고 한탄강이 멋진 풍광을 뽐내고 있다. 그러나 그 아름다운 자연을 배경으로 삼아 우리가 만든 환경은 한마디로 칙칙하다 못해 살벌하기까지 하다. 곳곳에 군사시설물과 철조망을 두른 건물이 보이고, 길에는 군용 트럭이 오간다. 분단 이전에는 남북을 잇던 평화로운 이곳이 살벌한 군사 지역으로 바뀌면서 아름다운 자연 환경마저 퇴색되었다.

서울과 원산을 잇는 경원선은 일제 강점기인 1914년 원산에서 개통되었다. 경부선, 경의선과 더불어 한반도를 남북으로 잇는 간선철도(주요 지역을 잇는 철도)였던 경원선은 처음부터 군사적 목적을 강하게 띠고 있었다. 초기 우리 철도의 운명이 다 그러했듯이, 경원선도 대한제국이 근대화의 기반 시설로 기획했다가 1905년 일본에게 부설권(敷

 철도

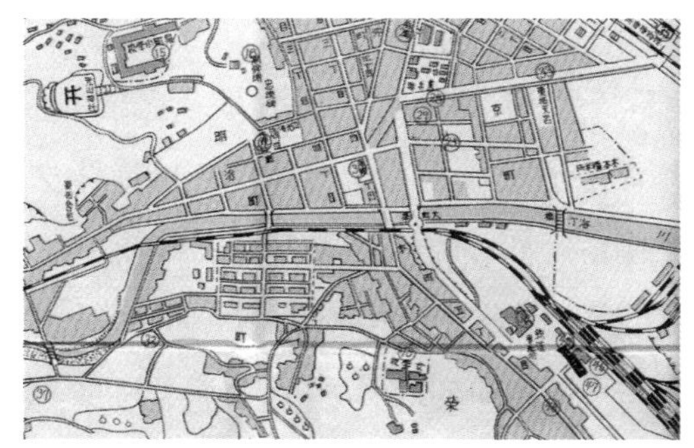

경원선 지도

일제 강점기에는 모든 산업 기반 시설이 식민지 수탈에 이용되었다. 서울과 원산을 잇는 경원선 역시 광물 자원을 일본으로 실어 나르는 수단이 되었다. 원산 시가지의 주요 건물을 표기한 1930년 중반 지도인 〈원산부 평면도〉에는 경원선의 모습이 보인다. 아래는 그 당시 원산역 전경.

연천역에 남아있는 급수탑

증기기관차 운행에 필요한 물을 저장하던 급수탑이 증기기관차가 힘차게 달리던 모습을 기억하며 서있다.

設權, 다리·철도 등을 설치할 권리)을 넘겨주었다. 러시아와의 전쟁을 핑계로 철도권을 빼앗아간 것이다. 일제는 이 철도를 이용해 주변의 풍부한 광물자원을 일본으로 실어 날랐다.

또 1930년대 들어 일본이 중국을 본격적으로 침략하면서 경원선은 군수물자를 전문으로 운반하는 철도가 되었다. 해방 이후에도 사정은 다르지 않았는데, 바로 한국전쟁이 터졌기 때문이다. 남북한을 가르는 38도선 주변에 있던 경원선의 역들은 전쟁 기간 내내 격렬한 전투를 함께 겪어야 했다. 게다가 휴전 협상도 근처 판문리에서 이루어지는 바람에 경원선 일대는 군대 밀집 지역이 될 수밖에 없었다. 특히 연천역은 군용 화물을 취급하기 위해 전곡리 방향으로 2.1킬로미터 떨어진 곳까지 군 전용선을 깔았다.

경원선 주변에는 국군만 주둔하고 있었던 것이 아니다. 한국전쟁이 일어나 국군이 낙동강 유역까지 후퇴하자 미군을 주축으로 한 국제연합군이 들어와 국군과 함께 반격에 나섰다. 국제연합군은 인천 상륙 작전을 계기로 전세를 역전시키고, 서울을 되찾은 다음에도 38도선을 넘어 북쪽으로 계속 진격해 나갔다. 경원선의 초성리역은 이때 국제연합군의 군수품 하역소(荷役所, 화물을 싣고 내리는 일 혹은 창고에 짐을 쌓거나 꺼내는 장소) 역할을 했다.

전쟁이 끝난 뒤 국제연합군은 초성리역의 관리권을 우리나라 철도청으로 넘겨주었지만, 미군은 초성리역 근처의 동두천, 파주, 의정부 등지에 대규모 기지를 마련하고 머물렀다.

'우연'이 위대한 '발견'을 낳다

1978년 봄, 미군 제2사단 기상 예보대 소속의 그렉 보웬Greg Bowen은 아내와 함께 전곡역 부근의 한탄강 유원지로 나들이를 나갔다. 고고학을 전공한 보웬은 놀랍게도 그곳에서 구석기 시대 유물로 짐작되는 석기石器 몇 개를 발견했다. 그는 이 물건을 서울 대학교 고고 인류학과의 김원용(金元龍, 1922~1993) 교수에게 보냈고, 김 교수는 한 걸음에 달려와 지표 조사를 실시했다.

보웬이 석기를 발견한 곳은 구석기 시대 지층이 있던 자리였다. 경기도 연천군 전곡4리 한탄강변에 자리 잡은 100만 제곱미터가량의 현무암 대지가 그곳으로, 유물은 현무암 대지 위의 붉은색 점토층에서

그들도 우리처럼, 구석기인들의 삶

지금으로부터 무려 70만 년 전까지 거슬러 올라가는 우리나라의 구석기 시대, 한반도 사람들은 어떻게 살았을까? 말이나 옷차림, 먹는 음식은 무척 달랐지만, 인생의 희로애락을 느꼈다는 점에서는 우리 삶과 똑같았다. 그들도 사랑하고 노래했으며 아끼는 사람을 잃었을 때 마음 깊이 추모했다. 우리나라의 대표적인 구석기 유적지를 살펴보자.

1. 연천 전곡리 유적의 움집 구석기인들은 동굴이나 바위 그늘에 살거나 강가에 풀로 집을 지었다.

2. 청원 두루봉 유적의 흥수 아이 여섯 살이 채 되지 않은 어린아이 유골이 뼈마디까지 온전히 보존된 채 누워있었다. 구석기 시대 유골이라고 한다.

3. 청주 봉명동 유적의 주먹찌르개 돌의 양편 끝부분을 뾰족하게 만들었으며 무기로 사용하기도 했다.

4. 청원 두루봉 유적의 코끼리 상아 한반도에 코끼리가 살았다고? 구석기 시대에 우리나라는 지금보다 훨씬 따뜻하고 습한 '아열대 기후'였다.

5. 영월 연당 쌍굴 유적의 하이에나 아래턱 구석기인들을 위협하는 맹수였던 하이에나 역시 현재 우리 주변에서는 볼 수 없는 동물이다.

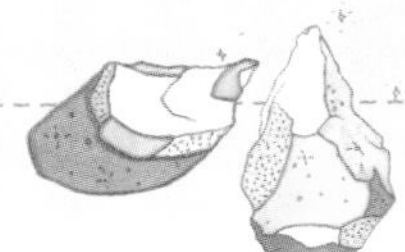

동아시아 구석기 시대 역사를 다시 쓰다
전곡리 선사 유적지에서는 4,000점 이상의 석기가 발굴되었는데, 특히 주먹도끼는 동아시아의 구석기 문화를 세계에 새롭게 알렸다. 그전만 해도 주먹도끼가 있느냐에 따라 구석기 문화를 아프리카·유럽 대 동아시아로 구분했는데, 그러한 이분법 체계에 들어맞지 않는 증거가 나온 셈이다.

발견되었다. 이런 사실을 확인한 서울 대학교 박물관 측은 조사단을 꾸려 1979년부터 대대적인 발굴에 들어갔다.

발굴 과정에서 더욱 놀라운 사실이 밝혀졌다. 전곡리 유적에서 나온 석기는 돌을 깨뜨리거나 돌조각을 떼어내어 만든 '주먹도끼'로 동아시아 어느 곳에서도 나오지 않았던 유물이었다.

미국의 저명한 고고학자 모비우스(Hallam. L. Movius, 1907~1987) 교수는 세계의 전기 구석기 문화를 아프리카·유럽의 주먹도끼 문화권 대 동아시아의 찍개 문화권으로 구분했다. 정식 명칭이 '양면 핵 석기'인

"주먹도끼만 있으면 먹고 입는 건 모두 해결!"

한반도 구석기인들의 생활

직접 사냥해서 식량을 구하고, 짐승의 가죽을 벗겨 옷을 만들어 입었던 구석기 시대 사람들. 그들에게 꼭 필요했던 도구가 바로 '주먹도끼'였다. 주먹도끼는 우연의 산물이 아니라 구석기인들이 명백한 의도를 가지고 만든 최첨단 만능 도구였다.

주먹도끼는 돌의 양면을 찌르는 면과 자르는 면으로 만든 다용도 석기로서, 구석기 시대의 '맥가이버 칼' 이라고도 불린다. 따라서 주먹도끼를 만들려면, 단순한 기능을 갖춘 찍개나 다른 석기보다 좀 더 수준 높은 기술이 필요했다. 모비우스 교수는 동아시아의 구석기 문화가 아프리카와 유럽보다 기술 수준이 낮다고 생각했다. 이 주장은 인류가 아프리카에서 발생하여 유럽을 거쳐 아시아로 이동했다는 학설과 맞물려 학계에서 널리 받아들여지고 있었다.

그런데 전곡리에서 주먹도끼가 발견되면서 모비우스의 학설은 그 근거를 잃고 말았다. 우연한 발견으로 권위 있는 미국 학자의 학설이 뒤집히는 대사건이 일어나다니, 무척 흥미로운 일이다. 한 미군 병사가 우연히 발견한 전곡리의 주먹도끼는 세계 고고학사에 커다란 획을 그은 유적으로 높은 가치를 지니게 되었다.

1993년 시작해 지금도 해마다 5월이면 '연천 전곡리 구석기 축제' 가 열린다. 이때 빠지지 않는 행사가 있는데 바로 직접 만든 주먹도끼로 동물 가죽을 벗겨보는 것이다. 보기에는 쉬워도 일단 해보면 구석기 시대 사람들의 정교한 솜씨에 놀라게 된다. 또 강가의 돌멩이와 주먹도끼 모조품을 섞어놓고 주먹도끼를 찾아내는 '보물찾기' 도 하는데, 두 가지를 구분하는 일도 그리 만만치 않다. 한탄강에 놀러갔다 주먹도끼를 발견한 보웬의 눈썰미는 보통이 아니었던 것이다.

남북한의 대립이 사라지고 경원선 부근에 평화가 깃들면, 아마도 이곳에서 더 많은 선사 시대 인류의 자취를 찾아낼 수 있을 것이다. 그날이 오면, 끊어진 철길 때문에 더 이상 달릴 수 없는 철마 이야기며, 미군 병사가 우연히 발견한 주먹도끼 이야기들을 남북한이 대치하던 시절에 있었던 옛 추억처럼 떠올리게 되지 않을까.

최대의 외교 노선을 따라 유라시아로

경의선 신의주 – 평양 – 개성

고려의 역참로를 달리는 경의선

한반도를 종단하는 경의선은 일제 침략과 한국전쟁, 분단을 거치면서 아픈 역사의 무대가 되었다. 사람과 물자를 실어 나르는 것이 철도이니 당연한 일이지만, 서울과 개성을 거쳐 평양, 신의주로 이어지는 경의선의 노선 때문이기도 했다. 우리 역사상 매우 중요한 도읍지를 세 개나 끼고 달리는 경의선은 철도가 놓이기 전부터 역사적 사건이 끊이지 않았던 '역사의 길'이었다. 경의선이 달렸던 서울에서 의주로 이어지는 길은 936년 고려가 후삼국을 통일한 이래, 우리나라 최대의 외교 통로였다. 중국과 가장 밀접한 외교 관계를 이어왔고, 그 역할을 담당한 외교사절이 압록강변의 의주를 통해 오갔기 때문이다.

고려가 개경(지금의 개성)을 중심으로 전국을 연결하는 역참로를 건설할 때도 경의선 길이 중요한 역참로 가운데 하나였다. 개경에서 남경(서울의 옛 이름)을 지나 경상도와 전라도로 내려가는 역참로가 남쪽의 풍부한 농산물을 실어 나르는 '경제의 길' 이었다면, 개경에서 의주까지의 구간은 국가의 운명을 좌우하는 '정치·외교의 길'이었다.

그 뒤 1259년 고려가 몽골의 간섭을 받으면서 개경과 의주를 잇는 역참로는 유라시아 대륙을 잇는 광대한 역참로와 연결되었다. 당시 중국에 원나라를 세운 몽골은 유라시아 대륙을 평정하고 세계 대제국을 건설하고 있었다. 멀리 동유럽과 아라비아까지 연결되는 몽골의 역참로는 무역 장벽과 정치적 위험을 없애 동서양이 교류하는 데 크게 기여했다.

그러나 황제의 시호를 쓰던 고려 왕의 칭호는 원나라의 침략으로 한 등급 떨어졌다. '태조', '원종' 대신 '충렬왕', '충선왕' 으로 불리게 된 것이다. 그리고 세자는 왕위에 오르기 전, 원나라의 수도인 대도(지금의 베이징〔北京〕)에 가서 원나라 공주와 결혼해야 했다. 곧 고려가 몽골의 사위 국가가 되는 셈이었다. 고려의

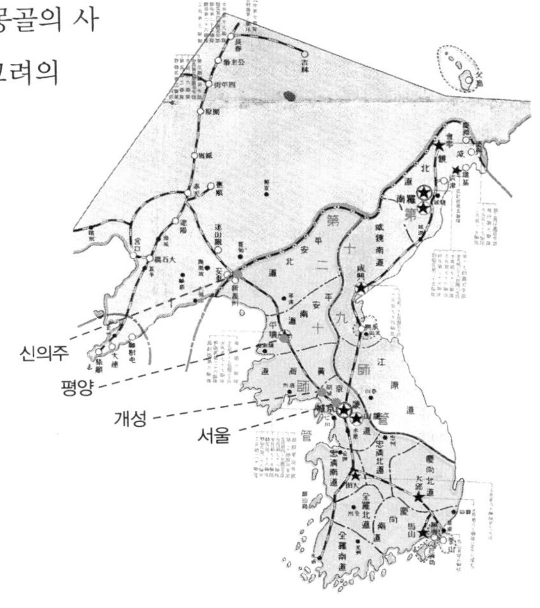

서울에서 평양을 거쳐 중국 대륙으로 군사적 목적으로 건설된 경의선 철도는 한반도를 통과해 광활한 중국 대륙까지 육로로 갈 수 있는 중요한 길이었다. 옆의 지도는 일본이 주요 지역의 군사적 요충지를 소개하기 위해 만든 것으로, 《세계 국방의 현세》라는 책의 부록이다.

몽골에서 전해진 옷, 철릭

몽골의 침략으로 고려는 정치뿐 아니라 생활·문화 전반에 영향을 받았다. 그중 하나인 철릭은 계층에 따라 일상복이나 군복, 사냥복 등으로 입었다. 사진은 16세기에 김위金緯라는 선비가 입었던 철릭으로, 길이가 125센티미터, 폭이 112.5센티미터나 된다.

세자들이 대도로 가던 길도, 개경으로 돌아오던 길도 모두 개경과 의주를 잇는 역참로였다. 조선왕조 때도 변함이 없었다. 대도와 개경을 연결하는 길이 꼭 육로만 있었던 것은 아니었다. 개경에 가까운 국제항인 벽란도에서 황해를 건너는 바닷길도 있었다. 걸어서는 한 달 정도 걸렸지만 바닷길로는 보름 만에 갈 수 있었다. 또 무거운 화물을 운반하기도 쉬웠다. 그러나 아무래도 바다는 좀 위험한 데다가 중국 산둥〔山東〕반도에서도 한참 올라가야 했기 때문에, 양이 많고 무거운 물품을 전달하는 경우가 아니면 대개 육로를 이용했다.

원나라와 교류하면서 여러 문화와 풍속이 고려로 많이 유입되었다. 만두, 소주 같은 음식 문화에서부터 벼슬아치 등에 붙는 '치'(단어 뒤에 붙어 사람을 뜻함) 같은 언어, 철릭(무관이 입던 옷 가운데 하나로, 허리 아래로 주름이 잡히고 큰 소매가 달려있음) 같은 복식도 모두 이때 들어왔다. 그 가운데서도 우리 역사에 가장 큰 영향을 끼친 것은 충선왕(忠宣王,

1275~1325)과 안향(安珦, 1243~1306), 이제현(李齊賢, 1287~1367) 등이 들여온 성리학이었다.

성리학은 고려 말의 부패한 문벌 귀족과 유착한 불교를 비판하면서 사회 개혁 사상의 날을 세웠고, 성리학자들은 무인인 이성계와 손을 잡고 고려왕조를 무너뜨렸다. 새로 들어선 조선왕조는 성리학을 지도 이념으로 찬란한 문화의 꽃을 피워 나갔다.

대륙의 숨결을 전하다

고려에 이어 새롭게 들어선 조선은 사대교린(事大交隣, 큰 나라인 명나라는 섬기고, 일본이나 여진 등과는 화평하게 지내려 했던 외교 정책)이라는 외교 정책을 펼쳤다. 이때 중국은 한족이 원나라를 몰아내고 명나라를 세

성리학을 도입한 이제현과 안향

원나라와의 전쟁으로 고려는 독립 국가로서의 체면이 손상되었지만, 시간이 흐르면서 두 나라 사이에는 평화의 기운이 일었다. 학문적 교류가 활발해지는 가운데 안향(오른쪽)은 원나라를 왕래하며 성리학을 들여왔으며, 이제현(왼쪽)도 초기 성리학자로 활동했다. 성리학은 불교 중심이었던 고려를 멸하고 새 나라를 세우려는 건국 세력의 이념으로도 채택되었다.

운 후 통일 왕조를 이루고 있었다. 조선은 명나라를 대국으로 섬기는 사대 정책을 펴서 조공을 정기적으로 보냈다. 이때 조선의 조공로가 바로 한양에서 의주 구간이었다. 그리고 일본이나 동남아시아 나라들과는 친선을 유지했는데, 1592년 일본이 이 관계를 깨고 전격적으로 조선을 침략해 임진왜란을 일으켰다. 오랜 세월 내전으로 단련된 일본군은 부산을 기점으로 북진을 거듭했다. 결국 조선 조정은 한양을 버리고 지금의 경의선 노선을 따라 비참한 피난길에 올라야 했다. 그리하여 마침내는 평양마저 내주고 선조는 명나라와의 국경인 의주까지 도망가는 신세가 되었다.

일본에게 국경을 위협받게 된 명나라는 조선에 지원군을 파견했다. 명나라 지원군이 압록강을 건너 조선군과 함께 일본군을 반격해 내려간 길도 역시 의주에서 한양을 잇는 경의선 노선이었다. 조선과 명나라 연합군은 일본군이 점령하고 있던 평양성을 공격하여 되찾으면서 반격의 물꼬를 트고, 바다와 육지에서 속속 일본군을 물리치기 시작했다.

당시 조선에서 국경의 급한 소식을 한양에 전달하던 수단은 봉수였다. 봉수는 세계적인 통신 수단으로, 특히 국토의 70퍼센트가 산악지대인 우리나라에서는 매우 유효했다. 이와 달리 조선에 지원군을 파견한 명나라 군대는 파발이라는 방법으로 황제가 있는 베이징까지 신속하게 정보를 전달했다. 파발은 숙련된 파발병이 말을 타거나 뛰어서 문서를 전하는 방식으로, 봉수보다는 늦지만 정확하고 안전하게 기밀 정보를 전달할 수 있다는 장점이 있었다. 이것을 본 조선 조정은 임진왜란이 끝난 뒤 전국의 역참로를 정비하면서 파발병이 달리는 파발로를 별도로 닦고 역참을 설치했다.

조선 후기로 접어들면서 의주에서 한양까지의 노선은 중국을 통해 서구의 근대 문물이 들어오는 통로가 되었다. 천주교와 새로운 과학기술은 성리학 못지않은 영향을 끼쳤다. 그러나 이러한 문명 교류의 길은 일제 강점기를 거치고 나라가 두 동강이 나면서 끊기고 말았다. 적어도 남한에 사는 우리 입장에서는 육로를 통해 대륙과 함께 호흡하던 길이 사라져버린 셈이다.

경원선과 마찬가지로 경의선도 반 토막 난 채, 녹슨 철마가 뒹구는

특명! 평양성을 되찾아라!
일본군의 기세에 밀려 평양마저 내준 조선은 명나라의 지원을 받아 평양성을 되찾았다. 〈임란전승 평양입성도병〉에서는 왜병이 놀라 도망가고, 조선과 명나라 군대가 깃발을 흔들며 위풍당당하게 입성하고 있다.

황폐한 노선으로 60여 년을 보냈다. 그렇게 끊어진 철길을 다시 잇는 망치 소리가 휴전선 일대에 울려 퍼지기 시작한 때는 김대중 전前 대통령이 방북했던 2000년부터였다. 남과 북을 잇는 경의선 복원 공사는 남북 관계의 변화에 영향을 받았지만, 마침내 2003년 6월 14일 군사분계선에서 연결식이 열렸다.

북한 내 여객의 60퍼센트, 화물 수송의 90퍼센트를 담당하는 경의선이 완전히 복원되면 남북 교류가 활발해지는 것은 물론 북한의 기반 시설을 구축하는 데도 큰 도움이 될 것이다. 우리 역시 중국으로 가는 물류비를 크게 줄일 수 있으며, 나아가 중국·러시아·유럽의 철도와 연결된다면 경제적인 기대 효과는 더욱 커진다. 경의선 복원은 남북을 '지리적으로' 다시 잇는 데 그치지 않는다. 수천 년 문명 교류의 길을 되찾아 우리가 '진정한 유라시아의 일원'으로 우뚝 설 수 있는 것이다.

조선의 사대를 받았던 명나라의 흥망성쇠

몽골 멸망 시기에 난을 일으킨 '홍건적 부대'에서 활동한 주원장이 1386년 양쯔강 유역을 통일해 건국한 나라다. 몽골과 왜구의 침입을 계속 받으면서도 4대 황제까지 최고 전성기를 누렸으나, 1572년 열 살의 만력제가 즉위하면서 정치적 혼란에 빠졌다. 임진왜란 때 만력제가 조선에 지원군을 파병했는데, 이 일로 재정적 위기에 빠지고 만 것이다. 그러다 흉년이 들고 반란까지 일어나면서 위기를 겪다 결국 1644년 청나라에게 멸망했다.

옛날에는 '긴급 뉴스'를 어떻게 전했을까?

인터넷으로 최신 뉴스를 접하고, 얼굴을 보며 전화 통화하는 지금이야 '실시간'으로 정보가 퍼져나가지만, 우리 조상들은 어떻게 안부를 묻고 소식을 알렸을까? 불을 피워 긴급 사항을 전했던 시절부터 전화기가 등장하기까지 통신 시설의 발달 과정을 살핀다.

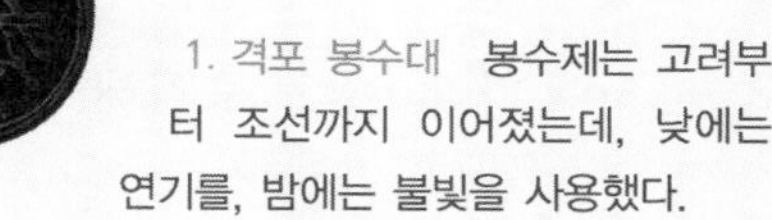

1. 격포 봉수대 봉수제는 고려부터 조선까지 이어졌는데, 낮에는 연기를, 밤에는 불빛을 사용했다.

2. 마방 파발병의 말을 보관했던 곳으로, 각 역참에 설치했다.

3. 마패 역마를 이용할 수 있는 증표였는데, 그려진 말의 수만큼 사용할 수 있었다.

4. 우편 배달부 갑오개혁 이전의 모습으로, 삿갓과 담뱃대를 든 모습이 재미있다.

5. 전신기 1885년 한성 전보 총국을 개설해 서울과 인천 사이의 전신 사업을 시작했다. 사진은 20세기 초반까지 사용한 전신기다.

6. 1930년대 전화기 우리나라에는 1882년 3월 전화기가 처음 도입되어, 1902년부터 일반에 퍼져나갔다.

봄내에 어린 위정척사의 열

경춘선 춘천 – 가평 – 청평

조선을 지키려는 뜨거운 횃불이 타오르다

1896년 1월, 칠순에 접어든 노인이 지금의 경춘선이 지나는 북한강 길을 따라 춘천으로 향하고 있었다. 춘천부 관찰사(조선 시대 각 도의 민정·군정·재정 등을 총감독하던 종2품 벼슬)로 부임하는 조인승(曺寅承, 1827~1896)이었다. 그 당시 춘천은 전국을 8도에서 23부로 개편한 조선 조정의 조치에 따라 부府로 승격해 새로운 수령을 맞이할 준비를 하고 있었다.

1896년 1월은 우리 역사에서 매우 중요한 의미를 지닌다. 이전까지 음력을 따르던 우리나라가 양력을 사용했기 때문이다. 그래서 1895년 11월에서 12월을 건너뛰고 바로 1896년 1월이 되었다. 정확히는 1895년 11월 17일에 양력으로 바뀌면서 이날이 1896년 1월 1일이 되었다. 우리나라 역사책을 볼 때 이 점을 유의해야 한다. 1896년 이전까지의 날짜는 모두 음력이고, 그 뒤의 날짜는 양력이다.

달력 개편이 아니더라도 1896년 1월은 무척 중요한 시기였다. 당시 개화파 관료 김홍집(金弘集, 1842~1896)이 이끌던 조선 조정은 일본의 지원을 받으며 '갑오개혁'을 추진하고 있었다. 갑오년인 1894년 7월에 출범한 김홍집 내각은 양인과 천민으로 나뉘었던 신분제를 폐지하고 여성의 재혼을 허락하는 등 조선 사회에 커다란 영향을 미치는 조치를 쏟아냈다. 갑오개혁은 수천 년간 이어져 온 폐단을 하루아침에 없애는 과감한 시도였지만, 일본을 등에 업고 그들의 통제 아래 이루어졌다는 점에서 근본적인 한계를 안고 있었다.

갑오개혁은 농민들이 전통 신분 사회의 억압에 반대하며 들고 일어난 동학농민운동의 와중에 시작되었다. 동학 농민군이 파죽지세로 관군을 무찌르자, 그 당시 정권을 잡고 있던 명성황후(明成皇后, 1851~1895)와 그 주변의 민씨 세력은 청나라에 지원군을 요청했다. 그러자 일본도 조선에 대한 영향력을 빼앗기지 않으려고 군대를 보냈다. 결국 한반도는 두 외국 군대의 싸움터가 되고 말았다. 바로 이때, 일본군은 경복궁으로 밀고 들어가 민씨 정권을 몰아내고 개화파인 김홍집 내각을 세워 개혁 정책을 펴도록 했던 것이다.

청나라 군대를 물리치고 조선에서 확고한 세력을 얻은 일본은 민씨 정권의 우두머리 격인 명성황후가 탐탁치 않았다. 1895년 10월, 일본 낭인(浪人, 일정한 직업이나 거처 없이 떠돌아다니는 사람들)이 경복궁에 난입해 명성황후를 칼로 시해했다. 한 나라의 국모를 왕궁에서 시해한 이 사건은 민심을 들끓게 했다. 전통 유학을 지키면서 외세와 개화

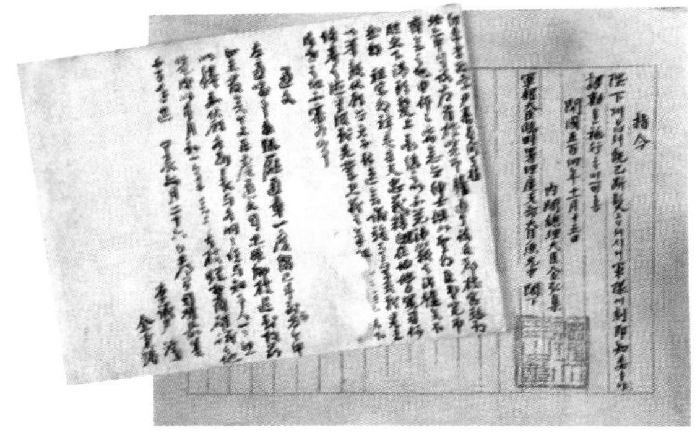

목은 잘라도 머리카락은 자를 수 없다
1895년 김홍집 내각은 단발령(오른쪽)을 내렸고, 고종이 먼저 서양식으로 머리카락을 잘랐다. 민족적 전통을 말살시키려는 데 분개한 선비들은 단발 반대 통문(왼쪽)을 발표하고, 항일운동에 나섰다.

를 배격하며 '위정척사파'로 불리던 선비들이 전국에서 무기를 들고 일어났다. 그들은 그러잖아도 친일 개화파 정부에 대한 응징을 벼르고 있던 차였다. 여기다 양력 사용과 단발령은 선비들의 분노에 기름을 부은 격이었다. 이들은 을미년인 1895년에 의병을 일으켰고, 이것을 '을미의병'이라 한다.

이러한 시기에 춘천에 부임한 조인승은 개화파 내각의 핵심 인재였다. 1881년 영남 유생들이 개화 정책에 반대하는 상소를 올렸을 때, 그들을 처벌하라는 상소를 올리기까지 했던 '강경 개화파'였다. 을미의병의 중심지 가운데 하나였던 춘천을 향하는 개화파 조인승의 운명은 과연 어떻게 되었을까?

이루지 못한 고종의 꿈

완강한 아버지 대원군의 섭정과 외세의 압력으로 선군의 꿈을 펼치지 못했던 고종. 우여곡절 끝에 1897년, 대한제국을 열어 당당히 독립국가임을 선포했지만, 일본의 강압으로 아들에게 왕위를 물려주었다. 너무나 짧았던 대한제국의 운명은 20세기 초 우리 역사의 슬픈 페이지로 남아있다.

1. 고종 대한제국 최초의 황제. 일본의 침략 야욕을 전 세계에 알리려 특사까지 파견했으나, 도리어 왕위에서 내려와야 했다.
2. 순종 고종의 아들이자 대한제국의 마지막 황제. 일본의 강요에도 끝내 한일 합방 문서에 서명하지 않았다.
3. 아관파천 명성황후가 살해당한 이후 신변의 위협을 느낀 고종이 거처를 옮긴 러시아 공관.
4. 고종의 환궁을 요구하는 일본 군대 러시아 공관의 문전에서 무력시위를 벌인 그들의 속셈은 조선의 주권을 빼앗는 데 있었다.
5. 이완용 내각 신하가 왕을 버렸다! 친일 세력은 덕수궁 중화전에서 고종의 양위식을 강제로 치렀다.

선비들이여, 서책을 덮고 무기를 들어라

서울과 춘천 사이에 양평이라는 곳이 있다. 이곳에 대표적인 위정척사파의 한 사람인 화서華西 이항로(李恒老, 1792~1868)가 살았다. 그의 가르침을 받은 유인석(柳麟錫, 1842~1915), 유중교(柳重教. 1821~1893), 김평묵(金平默, 1819~1888), 홍재학(洪在鶴, 1848~1881) 등을 아울러 '화서학파' 라고 부르는데, 이들 대부분이 춘천 출신이었다.

이항로의 수제자인 김평묵은 원래 포천에서 태어났지만, 이항로의 가르침을 받은 뒤 춘천과 가평에서 후진 양성에 힘을 썼다. 유중교도 춘천에서 제자들을 가르쳤는데, 을미의병의 대표적인 지도자였던 의암 유인석도 그의 수제자였다.

이들 화서학파가 주장했던 '위정척사' 란 '바른 것을 지키고〔衛正〕 나쁜 것을 배척한다〔斥邪〕.' 는 뜻이다. 여기서 바른 것이란 조선왕조 500년의 정신적

위정척사파의 대표 학자 이항로

프랑스 함대가 쳐들어온 뒤 개항을 두고 의견이 분분할 때, 흥선대원군에게 전쟁을 벌이자고 건의해 채택되었다. 그가 길러낸 여러 제자들이 을미의병의 중심이 되었다.

버팀목이던 유학을 가리키고, 나쁜 것이란 천주교를 비롯한 서양의 문물을 말한다.

이런 위정척사파에게 나라의 문호를 개방하여 서구의 문물을 받아들여야 한다고 주장하는 개화파는 당연히 적이었다. 개방에 반대하는 영남의 선비들이 상소를 올린 만인소萬人疏 사건이 있었던 1881년 이항로의 제자이자 춘천의 유학자인 홍재학도 개혁 정책에 반대하는 상소를 올렸다가 처형당하고 가산을 몰수당했다. 홍재학의 상소문은 김홍집, 이최응(李最應, 1815~1882) 등 개화파 중심인물은 물론 국왕까지 정면으로 공격하는 내용을 담고 있어 세상 사람들을 놀라게 했다.

청평을 지나 춘천에 들어서면, 북한강에서 홍천강이 갈라지는 곳에 의병 체험 마을이 있다. 청소년들이 춘천 지역에서 일어난 의병의 이모저모를 체험하고 그 뜻을 되새기도록 마련된 역사 체험 장소다. 오늘날 행정 구역상으로

의암 유인석 동상과 친필 격문
유인석은 춘천·제천 지역을 오가며 초야의 선비에서 농민들까지 의병 활동에 나설 것을 팔도에 알렸다.

춘천시 남면인 이 마을 일대는 유인석을 배출한 고흥 유씨 집안이 살던 곳으로, 유인석의 무덤도 여기에 남아있다. 춘천부 관찰사로 부임하던 개화파 관료 조인승을 기다리고 있던 이들이 바로 춘천의 위정척사파 선비들과 그들이 이끄는 의병들이었다.

1896년 1월, 유인석은 스승인 유중교를 따라 충청도 제천으로 가서 의병을 일으켰다. 유인석 의병 부대는 지금의 충청북도, 강원도, 경기도 이렇게 3도의 접경 지역에서 활동했다. 그와 함께 습재習齋

을미의병의 비밀 결사지, 자양영당

유인석은 현재 제천시 봉양읍에 자리한 이곳에서 팔도의 유림을 모아 비밀회의를 열었다. 오른쪽은 제천의병 전시관이 세운 을미의병 기념 동상.

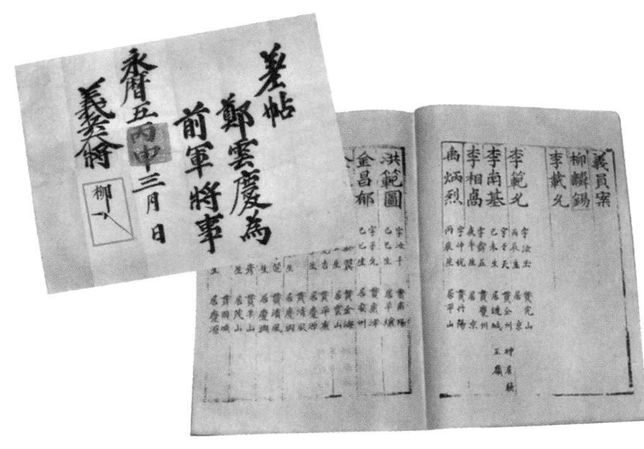

'거의소청擧義掃淸'의 소명을 다하라
유인석은 단발령이 실시되자 '의병을 일으켜 나라의 원수인 왜적을 소탕하자(擧義掃淸)'는 기치를 내세웠다. 유인석이 직접 수여한 의병 임명장(왼쪽)과 의병 명단(오른쪽). 유인석의 이름이 보인다.

이소응(李昭應, 1852~1930)이 춘천의 의병을 지휘했다.

이소응은 유중락(柳重洛, 1842~1922), 이만응(李晩應, 1829~1905) 등의 위정척사파 유학자와 농민 1,000여 명의 추대를 받아 춘천 지역의 의병장이 되었다. 그리고 전국에 격문(나라에 급한 일이 생겨 군인을 모집하거나 널리 일반에게 알리기 위한 글)을 보내어 한양으로 쳐들어가 개화파를 몰아내자고 호소했다.

그 당시 1,000여 명에 이르는 춘천의병 가운데 유홍석(柳弘錫, 1841~1913)이라는 선비의 며느리인 윤희순(尹熙順, 1860~1935)도 있었다. 1860년 한양에서 태어나 춘천으로 시집온 윤희순은 의병이 일어나자 부녀자들과 함께 군자금을 모아 의병을 돕고, 〈안사람 의병가〉, 〈병정 노래〉 등을 지어 남녀노소가 부르게 했다. 이소응 부대가 유인석의 부대와 합쳤을 때는 유인석의 부인과 함께 남장을 하고 다니며 정보를 수집하기도 했다.

이처럼 부녀자까지 힘을 보탠 춘천의병은 친일 개화파와의 전쟁에서 '조인승의 처단'을 첫 신호탄으로 삼았다. 그리하여 춘천부 관찰사 겸 선유사(개화 정책의 정당성을 선전하고 분노한 백성들을 타이르는 임무를 수행한 관리)로 춘천을 향하던 조인승은 목적지까지 가지도 못한 채 생을 마감해야 했다. 이소응이 이끄는 춘천의병 부대가 조인승이 머물고 있던 가평의 관아를 습격하여 그를 참형에 처했기 때문이다.

조인승의 처형은 조선 전역을 떠들썩하게 만들었다. 전국에서 봉기한 의병들은 춘천의병의 거사를 환영하며 더욱 활발한 의병 활동을 벌였다. 놀란 개화파 정부는 한양의 관군을 춘천으로 파견하여 이소응 부대를 치게 했다. 남쪽의 의병 부대와 합세하여 한양으로 쳐들어갈 태세를 갖추어 가던 이소응 부대는 관군과의 전투에서 패하는 바람에 해산되고 말았다. 하지만 이소응, 유중락 등은 나머지 세력을 모아 제천의 유인석 부대와 합류하여 끈질기게 항전을 계속했다.

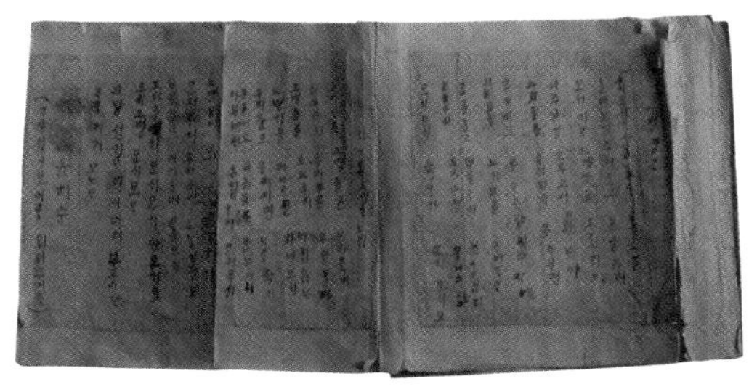

나라 살리는 데 남녀가 있을까
유홍석의 며느리인 윤희순은 의병가를 만들어 사람들에게 널리 부르게 했다. 그중 〈안사람 의병가〉는 나라를 되찾으려는 의병들에게 힘을 모아주자는 내용을 담고 있다.

유인석, 이소응 등은 1910년 일본이 조선의 국권을 강탈한 뒤에도 일본 제국주의를 상대로 계속 의병 투쟁을 벌여나갔다. 만주로 망명하면서까지 치열하게 항일 투쟁을 전개한 이들은 안타깝게도 조국의 독립을 보지 못하고 눈을 감았다.

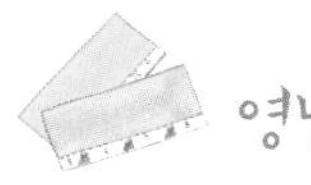

영남 만인소 사건

만인소란 '만 명의 선비가 동참해 쓴 상소문'이다. 사도세자의 명예회복을 위해 영남의 선비들이 올린 것을 시작으로, 나라의 위중한 일에 대해 선비들이 의견을 전달하는 방법으로 사용되었다. 그중 1881년의 영남 만인소가 가장 유명한데, 이는 조정이 중국의 외교관이자 작가인 황준헌이 쓴 《조선책략朝鮮策略》을 그대로 따르려 한 데서 시작되었다. 이 책은 조선이 청나라, 일본, 미국과 수교해야 한다는 내용을 담고 있다.

정부의 개화 정책에 반발하여 영남의 선비들이 대거 상소를 올렸고, 상소 행렬은 전국적으로 퍼져갔다. 정부에서는 회유책을 쓰다 결국 주도자 이만손 등을 유배 보냈다. 이 사건으로 전국 선비들이 위정척사 운동에 나섰으며 개화파와 보수파의 갈등이 본격화되었다.

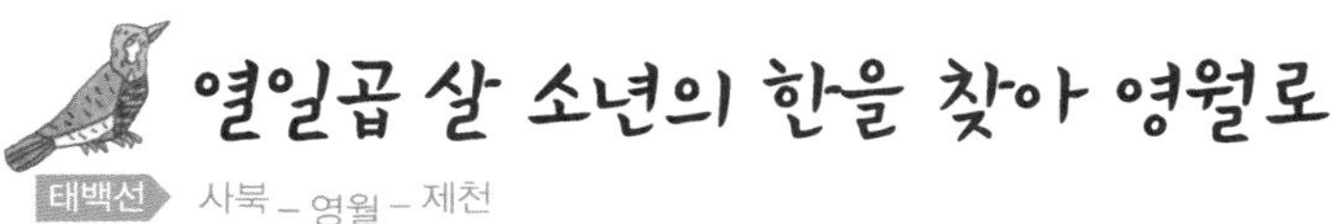

비운의 어린 왕, 단종

의병장들이 기개를 떨쳤던 제천에서는 또 하나의 철길이 뻗어나간다. 중앙선과 갈라져 영동 지방으로 향하는 태백선이다. 영월을 거쳐, 탄광촌의 기억을 간직한 사북까지……. 타고 있노라면 괜시리 콧날이 시큰해지는 기찻길이다.

그 태백선의 영월역에 내리면 우리는 가여운 영혼 하나와 만난다. 성리학의 명분과 조선왕조의 정통성을 놓고 벌어진 사생결단의 정권 다툼에 희생당한 한 소년의 영혼, 바로 단종이다.

1452년, 단종(端宗, 1441~1457)은 열두 살의 나이에 조선의 6대 임금이 되었다. 성리학을 지도 이념으로 삼은 조선은 왕위 계승도 성리학의 원칙에 따랐다. 왕위는 장남에게 계승되어야 하고, 만약 장남이 죽고 없으면 장남의 첫 번째 아들이 물려받아야 했다. 단종은 병약해서 일찍 세상을 떠난 문종(文宗, 1414~1452)의 장남이고, 문종은 조선을 대표하는 성군인 세종의 장남이었다.

그러나 세종은 장남이 아니었다. 원래 그의 아버지 태종에게는 양녕대군(讓寧大君, 1394~1462)이라는 장남이 있었고, 그가 왕위를 이어받을 세자로 책봉되어 있었다. 하지만 양녕대군은 천성이 얽매이기를 싫어하여 왕위에 딱 어울리는 사람은 아니었다. 태종도 내심 셋째 아들인 충녕대군이 왕의 자질을 더 많이 갖추었다고 생각했다. 그리하여 태종의 정치적 결단과 양녕대군의 양보로 충녕대군이 왕위에 올랐다. 후에 세종이 이룬 업적을 생각해보면 우리 역사를 위해 잘된 일이기는 하지만 성리학의 원칙에는 어긋났다.

이처럼 성리학의 원칙에 맞지 않은 왕위 계승은 태종과 그 앞의 정종도 마찬가지였다. 그러니까 조선이 건국되고 4대 임금인 세종까지, 장자 계승 원칙에 따라 왕이 된 사람은 한 명도 없었다.

세종은 누구보다 성리학에 밝았고, 성리학의 나라를 만들기 위해 부단히 노력했다. 그래서 장남인 문종과 장손인 단종을 아끼고 보호했다. 결국 세종의 뜻대로 문종과 단종이 왕위에 오르기는 했지만, 이것이 왕권을 강화하는 데는 도움이 되지 못했다. 단종이 어린 나이에 왕이 되자, 그를 보좌하던 김종서(金宗瑞, 1383~1453), 황보인(皇甫仁, 1387~1453) 등이 정사를 좌지우지했다. 신하의 권력은 강해지고 왕실의 권위는 상대적으로 약해졌다.

세종의 둘째 아들이자 정치적 야심이 컸던 수양대군(首陽大君, 1417

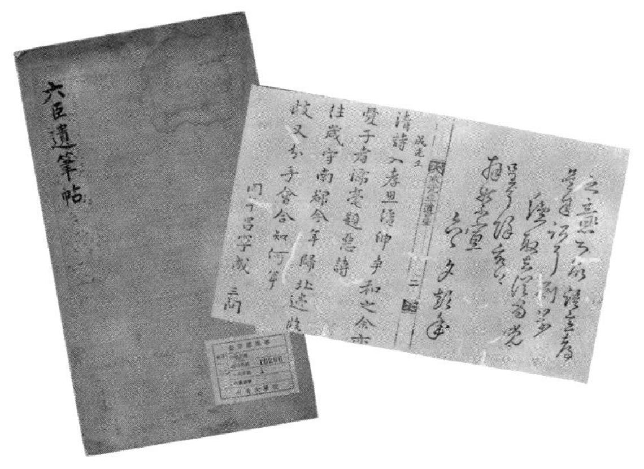

어린 왕을 지키려 한 충신
왼쪽은 강원도 관찰사였던 윤사국이 사육신死六臣의 필적을 모아 간행한 육선생유묵六先生遺墨 표지. 육선생은 단종의 복위를 도모하다 죽임을 당한 박팽년, 성삼문, 이개, 유성원, 하위지, 유응부를 가리킨다. 오른쪽은 내부에 실린 성삼문(左)과 박팽년(右)의 글씨.

~1468, 뒷날 세조)은 이런 상황을 그냥 두고 보지 않았다. 그는 한명회(韓明澮, 1415~1487), 권람(權擥, 1416~1465) 등 측근들의 도움을 받아 추락한 왕권을 회복한다는 명분으로 정변을 일으켰다. 1453년 10월, 김종서·황보인 등을 죽이고 수양대군이 실권을 잡은 '계유정난癸酉靖難'이다. 나이 어린 단종은 숙부인 수양대군의 기세에 눌려 결국 1455년 왕의 자리마저 넘겨주고 말았다.

세조, 곧 수양대군의 즉위는 왕권이 다시 강화되는 것을 의미했다. 하지만 조카로부터 왕위를 빼앗은 것은 분명 잘못된 일인 터. 사육신死六臣이라 불리는 성삼문(成三問, 1418~1456), 박팽년(朴彭年, 1417~1456), 이개(李塏, 1417~1456) 등 성리학적 신념이 투철한 신하들은 1456년 세조를 몰아내고 단종을 복위시킬 계획을 세웠다. 그러나 계획이 탄로나는 바람에 그들은 잔혹한 고문을 받고 처형당했다. 단종도 궁궐에서 쫓겨나 강원도 영월로 유배를 가는 몸이 되었다.

아무도 찾지 않았던 단종의 유배지, 청령포
숙부에게 왕위를 빼앗기고, 물길이 휘감아 돌아 '섬'이나 다름 없는 청령포에서 살게 된 단종. 권력의 비정함에 눈물로 밤을 지새웠을 터다.

한 나라의 임금에서 '노산군'이라는 일개 왕족으로 강등된 단종은 자신을 호송해 온 금부도사(조선 시대 죄인을 다스리던 의금부의 한 벼슬) 왕방연과 함께 영월의 청령포로 향했다. 어린 임금을 유배지에 두고 홀로 떠나는 왕방연의 마음이 좋았을 리 없다. 왕방연은 영월을 떠나 한양으로 돌아가는 길에서 신하로서의 괴로운 심경을 시로 읊었다.

천만 리 머나먼 곳에 고운 님 여의옵고
이 마음 둘 데 없어 냇가에 앉았으니
저 물도 내 안마음 같아야 울어 밤길 흐르는구나.

두견새 벗 삼아 외로움을 견디고

청령포는 삼면이 서강으로 둘러싸이고 남쪽으로는 육륙봉이라는 험준한 절벽으로 막혀있어, 배를 타지 않고는 오갈 수 없는 천연天然의 감옥이다. 단종의 입에서 '육지고도陸地孤島'라는 말이 절로 나올 정도였다. 단종이 유배 생활을 보낸 집에는 키 큰 소나무가 있다. 이 소나무는 애달픈 단종의 삶을 모두 지켜보고, 피맺힌 울음소리를 들었다고 해서 '관음송觀音松'이라 불린다.

관음송을 지나 가파른 언덕을 5분 정도 오르면 천길 낭떠러지인 노산대에 이른다. 단종, 아니 노산군은 해 질 녘이면 이곳에 올라 한양 쪽을 바라보며 시름에 잠겼다.

기약 없는 유배 생활을 한 지 두 달째, 큰 홍수가 나 청령포가 물에 잠길 위기에 놓이자 단종의 처소는 읍내의 관풍헌으로 옮겨졌다. 원래 관풍헌은 지방 수령들이 공사公事를 처리하던 곳이었다. 관풍헌 앞에는 매죽루라는 누대樓臺가 있었는데 단종은 그곳에 올라 처량한 자기 신세를 노래하곤 했다.

외로운 임금의 벗, 관음송

어린 임금의 절규에 귀 기울였던 것일까? 관음송은 단종의 유배지 쪽으로 한껏 고개를 숙이고 있다.

원통한 새 한 마리 궁중에서 나온 뒤로
외로운 몸 짝 잃은 그림자 푸른 산을 헤매누나.
밤마다 잠 청해도 잠들 길 바이 없고
해마다 한을 끝내려 애를 써도 끝없는 한이로세.
울음소리 새벽 산에 끊어지면 그믐달이 비추고
봄 골짝에 토한 피가 흘러 꽃 붉게 떨어지는구나.
하늘은 귀 먹어서 저 하소연 못 듣는데
어쩌다 서러운 이 몸의 귀만 홀로 밝았는고.

– 〈자규시子規詩〉

한 맺힌 신세를 한 마리 두견새(자규·소쩍새·접동새·불여귀라고도 함)에 비유한 이 시

죽어서 왕의 꿈을 이룬 단종

곤룡포를 입고 다시 어엿한 왕이 된 단종이 백마를 타고 있고, 단종의 죽음을 슬퍼한 나머지 목숨을 끊은 추익한이라는 선비가 산머루를 바치고 있다.

숙종 때 단종의 죽음을 가슴 아파한 영월 사람들이 돈을 모아 건립한 영모전永慕殿에 걸려있는 그림이다. 운보 김기창 화백이 그렸다.

"다른 사람도 아닌
작은 아버지 손에 죽게 될 줄이야."

왕권 다툼 속에 희생된 단종

어린 세자를 남겨두고 숨을 거두기 전 문종은 단종을 지켜줄 것을 신하들에게 당부했지만, 비정한 숙부는 조카를 몰아내고 왕이 되었다. 피로써 얻은 왕위를 또 빼앗길까 두려웠던 세조는 마침내 단종에게 사약을 내렸다.

때문에 뒷날 매죽루는 자규루로 이름이 바뀌게 되었다. 그러나 단종의 서러운 운명은 여기서 끝나지 않았다. 그를 둘러싼 권력 다툼이 또 벌어진 것이다. 이번에는 단종의 숙부인 금성대군(錦城大君, 1426~1457)이 주인공이었다. 경상도에서 유배 생활을 하고 있던 금성대군은 1457년 9월, 형인 세조를 몰아내고 조카인 단종을 다시 왕위로 올리려는 계획을 세웠다. 하지만 이내 발각되고 말았다.

이 일을 치르고 난 세조는 안 그래도 모질던 마음을 더욱 모질게 먹었다. 조카가 살아있는 한 자신을 몰아내고 조카를 복위시키려는 움직임이 계속 일어날 수밖에 없다고 생각한 것이다. 그리하여 단종을 유배지까지 호송했던 금부도사 왕방연을 다시 한 번 영월로 내려 보냈다. 왕방연이 이끌고 가는 나졸들의 손에는 사약이 들려있었다.

권력 투쟁의 희생양으로 지다

1457년 10월 24일, 왕방연은 관풍헌에 도착했다. 이때 단종은 노산군도 아닌 다른 백성과 똑같은 서인(庶人, 서민) 신분이었다. 역적으로 몰려 죽은 소년 단종의 시신은 아무도 거두려 하지 않았다. 그러자 영월에서 호장戶長이라는 아전 벼슬을 하고 있던 엄흥도가 남몰래 관을 준비하여 시신을 거두고 지금의 장릉에 모셨다.

엄흥도는 다음 날로 영월을 떠나 다시는 나타나지 않았다. 200년이나 지난 뒤인 현종(顯宗, 1641~1674) 때, 송시열이 엄흥도의 충절을 기려 그의 후손들을 등용하게 했다. 그보다 100년 뒤에는 영조가 엄흥도의 충의를 기리는 정문(旌門, 충신·효자·열녀 등을 표창하기 위해 그 집 문 앞에 세우던 붉은 문)인 정여각旌閭閣을 세워주었다. 억울하게 죽은 소년왕과 그를 묻어준 엄흥도의 충절을 기려서일까, 장릉 주위의 소나무는 모두 능을 향해 절을 하듯 묘하게 틀어져있어 경이롭다.

단종의 최후는 지금의 서울 낙산 기슭 절간(정업원, 지금의 청룡사)에 머무르던 정순왕후에게 청천벽력처럼 전해졌다. 그녀는 아침저녁으로 동망봉에 올라 영월이 있는 동쪽을 바라보며 단종이 무사하기를 빌었다. 그러나 애타는 기원도 보람 없이 비보가 날아왔다. 정순왕후의 나이 이제 꽃다운 열여덟이었다.

정순왕후는 매일같이 통곡했고, 가슴을 후벼 파는 애끓는 소리에 동네 여인들도 다 함께 울었다고 한다. 열여덟 청상과부를 동정하며 부인들이 슬픔을 나누던 이 통곡을 '동정곡同情哭'이라 했다. 남편을 일찍 여읜 정순왕후는

왕의 시신을 거둔 단 한 명의 충신

엄흥도는 아무도 거두지 않는 단종의 시신을 관까지 준비해 장례를 치르고는 자신의 선산에 묻고 평생 숨어 살았다. 영조는 엄흥도의 충심을 기려 단종의 무덤이 있는 장릉에 충절비를 세워주었다.

유배의 설움을 딛고 일어선 사람들

플랫폼 박물관

죄가 클수록 멀리 보냈다는 유배. 그러나 우리가 생각하듯 유배 생활이 늘 괴롭고 고독하지만은 않았다. 김정희는 유배지에서 〈세한도〉라는 걸작을 그렸고, 정약용과 정약전 형제는 후세에 길이 남을 훌륭한 저작을 썼다. 조선 시대 유배지의 다양한 풍경을 살펴보자.

1. 정약용의 강진 유배지 차밭 근처에 있어 '다산초당'이라 불린 이곳에서 정약용은 11년간 유배 생활을 하면서 실학을 집대성했다.
2. 정약전의 흑산도 유배지 조선 시대 최고의 '물고기 박사'였던 정약전은 여기서 《자산어보玆山魚譜》를 썼다.
3. 김정희의 제주도 유배지 문인화의 최고봉으로 꼽히는 〈세한도歲寒圖〉를 유배지에서 그렸다.
4. 김만중의 노도 유배지 김만중은 자신을 걱정하는 어머니를 위로하기 위해 유배 생활 중에 소설 《구운몽》을 지었다.

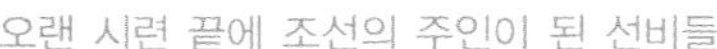
오랜 시련 끝에 조선의 주인이 된 선비들

조선 전기에 왕권을 강화하는 데 공헌한 공신과 사대부 세력은 훈구파라고 불리며 중앙정부의 권력을 잡았다. 향촌 사회를 기반으로 성리학을 연구하고 힘을 길러 훈구파와 맞서게 된 사대부 세력을 흔히 사림, 즉 선비의 집단이라 부른다. 이들은 숱한 사화를 겪은 끝에 조선 사회의 주인으로 떠오르게 되었다.

여든둘까지 장수를 누리며 조선왕조의 굴곡진 행로를 지켜보았다.

조카를 희생시키면서까지 국권을 장악한 세조는 왕권을 반석 위에 올려놓기 위해 안간힘을 다했다. 그러자 권력은 왕 측근들의 손에 들어갔고 성리학의 원칙에 충실한 나라를 지향했던 사대부들은 지방에 칩거하며 뒷날을 기약해야 했다. 이들은 사림이라는 정치 세력을 형성했고 세조의 손자인 성종(成宗, 1457~1494) 때가 되어서야 중앙 정계에 조심스럽게 발을 들여 놓게 되었다. 그러나 성종의 장남인 연산군(燕山君, 1476~1506)은 사림을 혐오하여 수많은 선비들을 죽음으로 몰아가는 사화

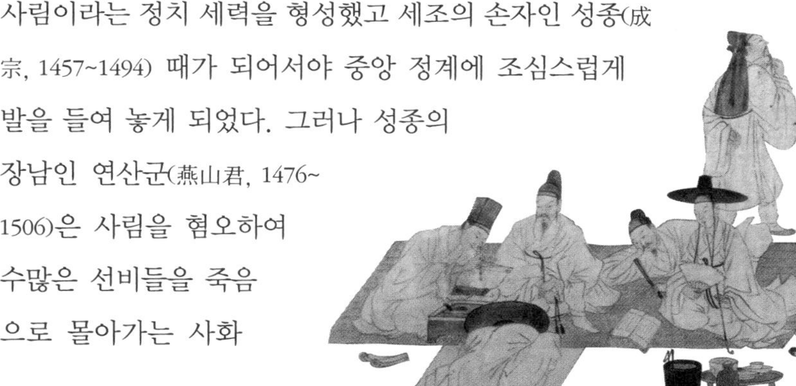

를 연거푸 일으켰다. 그리하여 결국 중종반정을 당해 쫓겨나고 말았다. 정순왕후는 이때까지도 살아있었는데, 어쩌면 남편을 폐위시킨 세조의 후손에게 닥친 비극을 목격하기 위해서였을지도 모른다. 그녀에게는 그것이 인과응보였을 테니.

끊임없이 중앙 정계로 진출하여 성리학적 이상을 펼치려던 사림은 연산군 이후로도 몇 차례 사화를 당하고 나서 선조 때에 이르러 확고한 권력을 쥘 수 있었다. 그러고 보면 단종은 왕권과 신권의 다툼 속에 조선이 성리학의 나라로 자리 잡아가는 과정에서 생겨난, 수없이 많은 희생양을 대표한다고 할 수 있다.

세조가 단종의 왕위를 빼앗자 세상에 뜻을 버리고 절개를 지킨 여섯 사람이 있었으니, 바로 김시습金時習, 원호元昊, 이맹전李孟專, 조려趙旅, 성담수成聃壽, 남효온南孝溫. 사육신이 목숨으로 절개를 지켰다면 이들은 평생 관직에 나가지 않고 귀머거리나 소경인 체하며, 충절을 지켰다.

신사임당 따라 강릉에서 서울 가는 길

영동선 강릉 – 정동진 – 묵호 – 동해 – 백산

신사임당의 당당한 친정살이

영월에서 열일곱 소년 단종의 죽음을 목격한 태백선 열차가 기적을 울리며 동쪽으로 떠난다. 풍경뿐 아니라 이름도 어여쁜 예미역, 자미원역을 거쳐 증산역에 이르면, 철길은 정선 아우라지에 이르는 북쪽 길과 태백으로 가는 남쪽 길로 갈린다.

증산역에서 태백으로 가는 열차를 타고 백산역에서 영동선으로 갈아타자. 영동선 열차는 도계를 지나 해안을 따라 거슬러 올라가면서 묵호, 옥계, 정동진 등 꿈처럼 아름다운 바다를 보여주고 강릉에 도착할 것이다.

강릉에서 검은 대나무가 아름다운 숲을 이루고 있는 오죽헌을 찾아가면 조선 시대를 살다 간 한 여인을 만날 수 있다. 사림의 아내이자 어머니로서, 조선이 성리학의 나라가 되는 데 큰 몫을 했던 인물, 바로 신사임당(申師任堂, 1504~1551)이다. 그리고 그 옆에서 초롱초롱

빛나는 눈망울로 어머니를 바라보고 있었을 사내아이가 장차 조선 성리학의 큰 기둥이 될 율곡栗谷 이이(李珥, 1536~1584) 선생이다.

오죽헌은 신사임당의 친정에 있는 별채였다. 이곳에서 그는 셋째 아들 율곡 이이를 낳았다. 왜 친정에서 아이를 낳았을까? 성리학의 가르침에 따르면, 가문의 계보는 아버지에서 아들로, 아들에서 손자로 남자의 혈통을 따라 내려간다. 그리고 결혼한 여자는 '출가외인'이라 하여 시댁에 살면서 '그 집 귀신'이 되어야 한다. 신사임당은 성리학적 교양을 쌓으며 자랐고, 남편인 이원수(李元秀, 1501~1561)도 성리학을 공부한 한양 선비였다. 그런데 왜 신사임당은 시댁이 있는 한양이 아니라 친정인 강릉에서 아이를 낳아 길렀을까?

그것은 조선 중기까지만 해도 성리학 원칙에 따른 가부장적 가족문화가 철저히 지켜지지 않았기 때문이다. 신사임당은 이원수와 결혼한 뒤에도 친정인 강릉에 머물렀다. 남편인 이원수만 강릉 처가와 한

검은 대나무숲이 있는 곳, 오죽헌
신사임당의 친정 별채인 이곳에서, 뛰어난 학자이자 정치가인 이이가 태어났다. 그는 어려서부터 어머니 신사임당의 가르침을 많이 받았다.

백 년 사랑을 기약하는 나무 기러기
전통 혼례에서는 나무 기러기를 증표로 썼는데, 이는 기러기가 믿음·예의·절개·지혜를 상징하는 새이기 때문이다. 왕가 혼례에서는 살아있는 기러기를 사용했다.

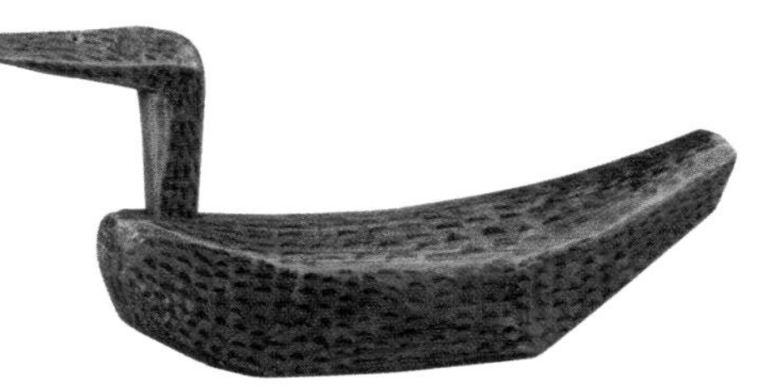

양 본가를 오가며 살았다. 그뿐 아니라 오죽헌이 있는 신사임당의 친정도 원래는 신사임당의 외가였다. 그러니까 신사임당의 아버지도 결혼해서 처가살이를 하다가 그곳에서 딸을 얻은 것이다. 아니, 정확하게 말하자면 처자식을 처가에 두고 자신은 벼슬 생활을 하느라 한양과 강릉을 오갔다. 지금으로 치면 기러기 아빠와 비슷한 신세였다고나 할까.

이처럼 남녀가 결혼해 여자 집에 들어가 사는 일은 당시만 해도 드물지 않았다. 남자가 결혼하는 것을 '장가든다'라고 하는데, 이 말은 처가에 들어가 산다는 뜻이다. 처가살이는 예부터 내려온 관습이었고, 고려 시대

'장가드는' 새 신랑
김홍도의 〈신행〉에 등장한 새신랑의 모습이다. 나무 기러기를 들고 가는 사람이 '기럭 아범', 그 앞으로 청사초롱을 든 하인이 간다. 신랑은 백마를 탔고 매파 또는 유모로 보이는 나이 든 여자가 장옷을 입고 뒤따른다.

에는 그것이 일반적이었다는 기록도 남아있다.

그러나 조선 시대에 들어오자 성리학을 받드는 학자들이 가부장적 부계 사회를 확립하자고 부르짖었다. 그들의 주장에 따르면 남자가 장가드는 것보다 여자가 시집가는 것이 이치에 맞다. 여기서 '시집간다'는 것은 말 그대로 결혼한 여자가 시집에 들어가 사는 일을 말한다.

하지만 오랫동안 내려온 관습을 하루아침에 바꾸기란 어려운 일이다. 신사임당의 남편 이원수처럼, 조선 중기까지만 해도 성리학의 가르침을 누구보다 잘 알고 있는 선비조차 처가살이를 당연한 일로 여겼다. 심지어는 명성과 재물을 갖춘 가문으로 장가드는 것을 '능력 있는 남성의 징표'라 생각하는 풍조마저 있었다.

신사임당은 아버지의 총애를 한몸에 받아 집안의 재물과 살림을 도맡아 꾸렸다. 아버지가 돌아가신 뒤에는 친정에서 삼년상을 마치고 남편을 따라 경기도 파주, 강원도 평창 등지에 살면서 가끔 강릉 친정에 들러 친정어머니를 보살피곤 했다.

당당한 현모양처, 신사임당
시·서·화에 뛰어났던 그녀는 자신의 권리를 솔직하게 요구하는 독립적인 여성이었다. 오른쪽은 그녀가 즐겨 그린 〈초충도〉.

그러다 오죽헌에서 율곡 이이도 낳았던 것이다.

그런데 신사임당은 이이가 여섯 살 되던 해, 친정 살림을 정리하고 한양의 시댁에 들어가기로 마음먹었다. 남편의 간곡한 부탁 때문이었다. 시어머니 홍씨가 나이가 들면서 신사임당에게 시댁 살림을 맡아 달라고 한 것이다. 그리하여 신사임당은 넷째 동생에게 친정 살림을 부탁하고 친정과 작별 인사를 나누게 되었다.

신사임당은 대관령을 넘으면서 친정어머니가 계신 강릉을 바라보며 시 한 수를 읊었다.

늙으신 어머님을 고향에 두고
외로이 서울로 가는 이 마음
때때로 고개 돌려 북평(현재 강릉시 죽헌동)을 바라보니
흰 구름 아래로 저녁 산이 푸르구나.
–〈대관령에서 친정을 바라보며〉

결혼하고도 자주 친청어머니를 뵈어왔지만 막상 곁을 떠나려니 온갖 슬픔과 서러움이 밀려왔던 모양이다. 그러나 결혼하자마자 친정을 떠나 시댁 귀신이 되어야 했던 뒷날의 조선 여인에 비하면 그나마 나았다. 조선 후기로 가면서 가족제도에 엄격한 성리학적 잣대가 적용되었기 때문이다. 그리하여 결혼한 여성은 소박이라도 맞기 전에는

플랫폼 박물관

역사에 길이 남은 조선의 여인들

조선이 가부장적 사회이긴 했지만, 그러한 시대적 한계에서 벗어나 자신의 재능을 펼치고 누구 못지않은 업적을 남긴 여인들이 있다. 자신의 삶을 당당하게 개척했던 조선의 여인들을 살펴보자.

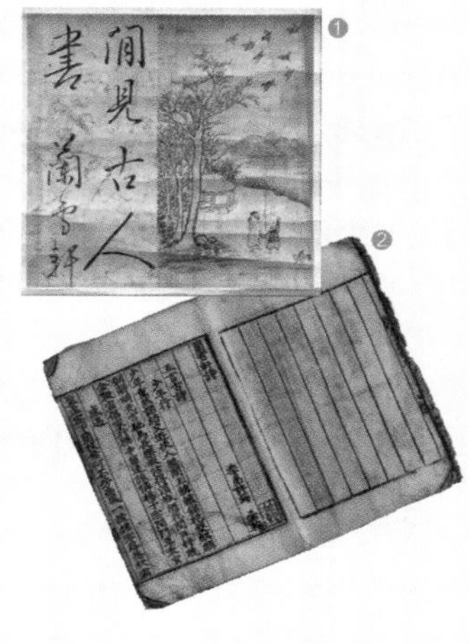

1. 허난설헌許蘭雪軒의 〈앙간비금도仰看飛禽圖〉 조선 회화사에서 처음으로 소녀가 등장하는 그림으로 알려져있다.
2. 《난설헌집》 남편에게 사랑받지 못하는 불행한 처지를 시로 달랬다.
3. 매창梅窓의 매화도 신사임당의 딸로 '작은 신사임당'이라 불릴 만큼 재주가 뛰어났다.
4. 김만덕金萬德의 영정 제주도의 거상巨商으로 정조 때 기근이 일자 육지에서 쌀을 사와 가난한 사람들을 돕는 데 썼다.
5. 전북 장수군의 논개論介 사당 임진왜란 당시 논개는 열 손가락에 모두 가락지를 낀 채 적장을 안고 촉석루에서 뛰어내렸다.

새 신부의 첫 잔칫상

집안에 들어온 새 사람을 위해 화려한 꽃으로 장식한 잔칫상이 올라왔다. 병풍 앞까지 구경 온 사람들이 부담스러운지 신부의 표정이 밝지 않다. 친정을 떠나 시집살이를 시작한 마음이야, 신사임당이라고 달랐을까? 그림은 19세기 말의 풍속화가 김준근이 그린 〈신부연석新婦宴席〉.

친정 가는 일이 거의 불가능했다. 추석 때 친정과 시댁의 중간 지점에서 친정어머니와 만나 잠시 회포를 풀던 '반보기'가 고작이었다.

서울 시댁으로 올라온 신사임당은 안방마님으로 집안의 대소사를 꾸려 나갔다. 그렇다고 그녀가 집안일만 묵묵히 하는 순종적인 여인은 아니었다. 신사임당은 마흔여덟이 되던 1551년, 남편을 따라 평안도에 갔다가 병으로 갑자기 세상을 떠났다. 그녀는 숨을 거두면서 남편에게 다른 여자와 재혼하지 말라고 요구했다.

이러한 어머니 밑에서 자라난 이이는 1557년 스물두 살의 나이로 성주 목사(牧使, 관찰사 밑에서 지방의 각 목을 맡아 다스리던 벼슬) 노경린(盧慶麟, 1516~1568)의 딸과 결혼했다. 그때 이이는 아버지, 형제들과 함께 황해도의 처가에서 사흘간 성대한 잔치를 벌였다. 그리고 처가에 살면서 아내를 친정에 둔 채 홀로 외할머니를 뵈러 강릉에 들르기도 했다.

이처럼 16세기만 해도 조선의 가족제도에는 모계적 성격이 적잖이 남아있었다. 그런데 어떻게 성리학에 입각한 가부장적 가족제도가 자리를 잡았을까. 그 해답이 이이의 가족사에 숨어있다.

이이, 가부장적 가족제도의 디딤돌을 놓다

신사임당의 남편 이원수가 죽은 지 5년 되는 1566년, 이이를 비롯한 형제자매와 가족들이 한자리에 모였다. 유산을 나누기 위해서였다.

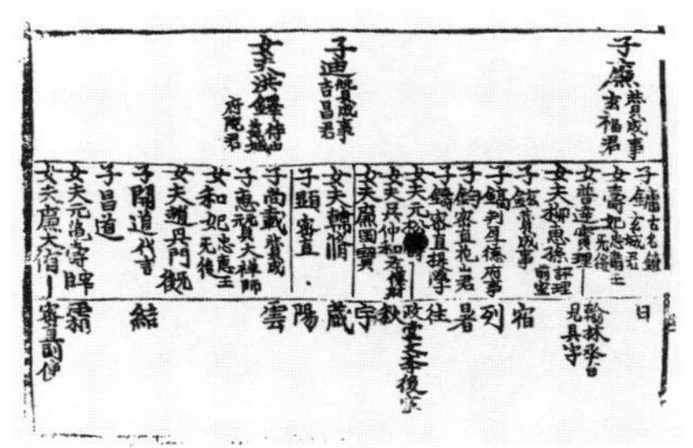

조선 전기의 족보, 성황보

조선 시대에도 처음부터 '남녀'가 유별하지는 않았다. 이 족보에는 딸아들 구별없이 출생 순서대로 적혀있으며, 딸의 이름 밑에는 '여부女夫'라 하여 사위의 이름도 밝혔다. 그 뒤 남성 중심의 문화가 사회적으로 정착하면서 여성에 대한 차별로 딸은 족보에서 사라졌다.

고려 시대부터 전해 내려오는 관습에 따르면, 아들딸 구별 없이 골고루 유산을 나누어 갖고, 제사도 아들딸이 돌아가면서 지냈다.

그런데 이번 모임에서 율곡 이이가 색다른 제안을 했다. 돌아가면서 제사를 준비하는 일이 번거로우니, 부모의 신위(神位, 죽은 사람의 위패)를 모시고 있는 맏형이 제사 준비를 도맡는 편이 낫겠다는 것이었다. 다만 이렇게 홀로 제사를 준비하면 맏형의 부담이 커지므로, 각자의 상속분을 조금씩 떼어 맏형에게 주자는 의견도 내놓았다.

당시로서는 매우 합리적인 제안이었지만 장남이 모든 유산을 물려받고, 딸은 상속과 제사에서 배제되는 가부장적 가족제도의 시작이었다. 율곡 이이는 뒷날 처가가 있던 황해도 해주 부근의 석담이라는 곳에 형제와 그 가족들을 불러 모아 백여 명이 함께 사는 부계가족 공동체를 만들었다. 이것 역시 뒷날 가부장적 질서에 따른 동족촌(同族村,

가족제도의 변화를 보여주는 제사 광경
장남 중심의 가족 문화가 정착되면서, 딸은 가부장제의 변방으로 밀렸다. 어찌 보면 신사임당과 율곡은 서로 다른 가치관 속에서 살아가게 된 셈이다. 김준근이 그린 〈제사 지내는 장면〉.

가까운 혈연관계에 있는 동성同姓의 가정이 모여 사는 마을)의 유래가 되었다. 율곡 이이가 이처럼 조선의 가족제도를 부계 중심으로 돌려놓는 데 앞장선 이유는 성리학적 가치관에 따랐기 때문이다.

이렇듯 친정을 떠나 시댁으로 가던 신사임당의 발걸음에는 '개인'이기 이전에 '어미, 아비'나 '딸, 아들'로 존재했던 조선 시대 사람들의 가족사가 함께 깃들어있다.

반보기

중로상봉中路相逢, 곧 길 위의 만남이다. 시집 간 딸을 마음대로 볼 수 없었던 시절, 농한기인 추석을 전후하여 어머니와 딸이 만나는 풍속이다. 꼭 모녀 사이가 아니더라도 자주 보지 못하는 여성들의 만남을 가리키기도 했는데, 맛있는 음식을 준비해 양쪽 집의 중간쯤에서 만난다는 점은 같았다.

갈아타는 곳

"아버지 따라
이 세상을 일찍 떠납니다."

문종은 어린 왕을 신하들이 잘 보살펴 주리라 믿었지만, 세조의 권력욕은 가엾은 희생자를 낳았다.

"내가 그리 매일
기도를 했건만, 결국 먼저
세상을 떠나시는군요."

열일곱 꽃다운 나이에 남편을 잃은 정순왕후는 여든둘까지 장수하며, 조선왕조의 흥망성쇠를 지켜보았다.

"나 죽어도 다른 여자랑 재혼하면 안 됩니다."

남편에게 순종하는 현모양처는 잊으라.
신사임당이 살았던 때만 해도
여성의 독립성은 어느 정도 인정받았다.

"내가 제사 지내기 싫어서 그러는 게 아닙니다."

셋째 아들이었던 이이는 맏아들이
제사를 주관하자는 의견을 내놓았다.
세월이 흐르면서 조선 사회에
성리학 중심의 가족제도가
틀을 잡아 나갔다.

"저 남자 아니에요. 여잡니다, 여자."

을미의병이 일어났을 때, 윤희순은
남장까지 하며 열렬히 의병 활동을 펼쳤다.

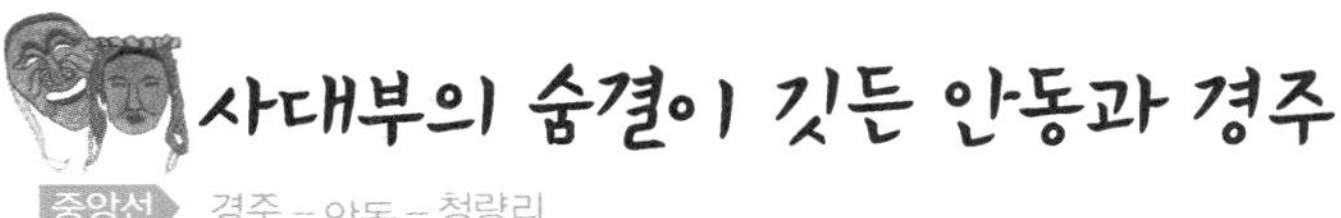

사대부의 숨결이 깃든 안동과 경주

중앙선 경주 – 안동 – 청량리

역사와 전통의 도시를 달리는 중앙선

이제 우리는 깐깐하기로 소문 난 양반님네를 만나러 갈 것이다. 우리가 탈 기차는 한반도의 가운데를 지나는 '중앙선'. 청량리를 출발한 이 기차는 천 년의 고도古都인 경상북도 경주가 종착역이다. 우리는 '경주' 하면 신라를 떠올리지만, 이곳에는 불국사와 첨성대 외에도 조선과 근대의 역사 유적이 적잖이 남아있다. 그중 하나가 조선 중기의 대표적인 양반촌인 양동 마을이다. 중앙선의 길목에 자리한 안동 하회 마을 역시 둘째 가라면 서러운 '뼈대 있는 마을'이다. 두 마을은 조선 중기 이래 수많은 사대부를 길러내어 조선을 사림의 나라로 만들었다.

영동선이 끝나는 강릉에서 율곡 이이가 태어나던 1536년, 중앙선의 끝자락 경주에는 멋들어진 팔작지붕(옆면에서 볼 때 여덟 팔八 자 모양을 한 지붕) 건물에서 글을 읽으며 소일하는 선비 하나가 있었다. 경주

산수에 묻혀 즐거움을 누린 집, 독락당
'인심 좋고 어진 사람들이 사는 동쪽 마을'이라는 뜻의 양동 마을. 이곳에는 아직도 이언적의 집이 남아있다. 권력 다툼 끝에 밀려난 그는 이곳에서 학문에 몰두하며 제자를 길렀다.

의 한적한 교외에 자리 잡고 있는 그 건물의 이름은 '독락당獨樂堂'. '홀로 즐거움을 누리는 집'이라는 뜻이다. 이 선비는 양동 마을에 사는 이언적(李彦迪, 1491~1553)으로, 이이와 더불어 조선 성리학의 양대 산맥으로 일컬어지는 퇴계退溪 이황(李滉, 1501~1570)의 스승이었다. 이렇듯 학문이 깊은 선비가 마흔이 넘은 나이에 한적한 시골 마을에서 책을 읽으며 세월을 보내게 된 사연은 무엇일까?

이언적의 고향인 양동 마을은 경주 손씨와 여강 이씨가 나란히 동족촌을 이루며 살던 양반 마을이었다. 여강 이씨인 이언적은 어려서 외삼촌인 손중돈(孫仲暾, 1463~1529)에게 글을 배웠는데, 손중돈은 경주

손씨였다. 손씨가 먼저 터를 잡고 있던 이곳에 이언적의 아버지가 사위로 들어오면서 두 성씨의 동거가 시작되었던 것이다. 남자가 결혼하면서 처가에 들어가 사는 일이 조선 시대 초에는 흔했다.

손중돈은 사림의 선구자라 할 수 있는 김종직(金宗直, 1431~1492)의 제자였다. 김종직은 경상도 일대에서 학문을 닦던 이른바 '영남학파'의 태두(泰斗, 어떤 분야에서 가장 권위 있는 사람)로서 호남 출신인 김굉필(金宏弼, 1454~1504)과 더불어 사림 형성에 크게 이바지한 사람이었다. 이언적이 양동 마을에서 한창 손중돈의 가르침을 받고 있던 1518년, 서울 조정에서는 한바탕 개혁의 비바람이 휘몰아치고 있었다. 그 한복판에 서있던 주인공은 서른일곱

논리 대 논리가 맞부딪히다
조선 시대 성리학이 나라 운영의 기틀이 되면서, 성리학적 명분을 놓고 선비들의 논쟁이 벌어졌다. 임금은 정치적 상황에 따라 선비 세력을 등용하여 썼는데, 학문적 견해 차이는 정치적 입장차와 직결되었기에, 때로는 피를 부르는 다툼이 벌어지기도 했다. 그림은 왕이 직접 성균관으로 와서 문신들과 강론을 펼치는 장면을 그린 〈성균관 친림 강론도〉.

젊은 나이에 일약 대사헌(조선 시대 사헌부의 으뜸 벼슬)으로 발탁된, 야심 만만한 성리학자 조광조(趙光祖, 1482~1519)였다. 그는 김굉필의 제자로 중종(中宗, 1488~1544)의 신임을 받고 있었다. 이미 연산군 시절에 한바탕 홍역(김종직의 제자들이 죽거나 귀양을 갔던 1498년의 무오사화를 가리킴)을 치른 적이 있었던 손중돈은 조광조의 '실험'을 가슴 졸이며 지켜보고 있었다.

안타깝게도 조광조의 개혁은 훈구파 대신들의 반격으로 막을 내렸다. 그러나 나라를 운영하는 데 사림의 도움이 필요하다는 것을 잘 알고 있던 중종은 그 뒤에도 재야의 선비들을 적극적으로 등용했다. 이언적도 과거 시험에 급제하여 서울에서 벼슬살이를 했다. 그러다 권력 다툼에 휘말리면서 그의 나이 마흔이던 1530년에 고향으로 돌아오고 말았다. 조용한 개울가에 독락당을 짓고 홀로 책을 읽으며, 언젠가 다시 나라를 위해 경륜(어떤 일을 수행하려는 포부)을 펼 날을 기다렸다.

이언적의 학문을 이어받은 이황은 조선 성리학의 기틀을 다진 대학자였다. 그가 조선을 이끈 성리학 체계를 마련할 수 있었던 데는 기대승(奇大升, 1527~1572)이라는 후배 학자와의 8년에 걸친 사단칠정四端七情 논쟁이 큰 역할을 했다. 조광조의 몰락 이후 권력의 핵심에서 물러나 있던 사림은 이처럼 학문을 갈고 닦으며 뒷날을 기약하고 있었다.

'책', '벼슬' 무엇을 벗 삼을까

이언적이 독락당에서 홀로 책을 읽던 시절부터 60여 년이 흐른 1591년, 안동 하회 마을에서 풍산 유씨 친족들이 모여 한판 잔치를 벌였다. 낙동강이 돌아나간다고 해서 '물돌이 마을'로 불리는 '하회河回 마을'은 이름만 들어도 풍취가 절로 묻어난다. 대대적인 잔치는 풍산 유씨인 유성룡(柳成龍, 1542~1607)의 좌의정 승진을 축하하는 자리였다. 유성룡은 우의정이 되어 정승의 반열에 오른 지 1년 만에 다시 좌의정으로 벼슬이 높아지고 이조판서까지 겸하게 되었다. 초고속 승진 코스를 밟았으니, 하회 마을의 자랑이자 희망으로 떠오르게 된 것이다.

유성룡은 김종직, 이언적, 이황으로 이어지는 영남학파의 거두 가운데 한 사람이다. 그런데 유성룡에게는 이 기라성 같은 영남 사림의 스승들과는 다른 점이 있었다. 이언적처럼 재야에서 홀로 글을 읽으며 뒷날을 기약한 것이 아니라, 정승 자리까지 올라 국정을 책임졌다는 사실이다. 조광조를 희생시킨 기묘사화를 비롯하여 숱한 정변을 겪은 끝에, 조선의 핵심 권력으로 확고하게 자리 잡았다. 그러니 이언적은 독락당에서 '홀로' 즐거웠지만, 유성룡은 하회 마을 풍산 유씨들과 '더불어' 즐거울 수밖에!

그러나 사림이 안정된 지위를 차지했다고 해서 권력을 둘러싼 다툼이 없어진 것은 아니었다. 이전까지 훈구파와 사림파가 힘을 겨루

안동 하회 마을 탐방

타임머신을 타고 조선으로 돌아간 듯 우리 전통 문화를 잘 간직한 안동 하회 마을. 이곳에는 유성룡을 비롯한 조선의 대표 선비들이 살았다. 휘돌아나가는 강과 멋스런 고택, 서원 등을 살펴보자.

1. 하늘에서 본 하회 마을 전경 낙동강이 마을을 시원하게 감싸돌아 '물도리동'이라고도 부른다.
2. 하회탈 웃는 것일까? 화가 난 것일까? 턱이 고정되어있지 않아 매번 표정이 달라지는 양반탈. 왼쪽의 각시탈은 옆에서 보면 눈을 흘기며 교태를 부리는 듯하다.
3. 병산서원 마을에서 '꽃뫼' 뒷편에 자리하는데, 유성룡의 학문과 덕을 기린다.
4. 삼신당 하회별신굿 탈놀이를 제일 먼저 시작하는 신성한 곳. 사람들이 소원을 빌러 온다.
5. 부용대 북쪽에 위치한 언덕이라 해서 '북애北厓', 연꽃처럼 아름답다 하여 부용대芙蓉臺라 불린다.

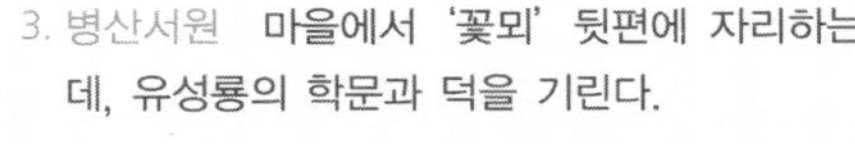

조선 중기의 최고 엘리트, 유성룡

안동 풍천면에 자리한 충효당忠孝堂은 그의 후손들이 유성룡을 기념해 지었다. 사랑채 대청에 걸려있는 현판은 숙종 때 명필가였던 허목이 썼다.

었다면, 이제 사림은 붕당으로 갈라져 국가 운영의 신념과 노선을 놓고 권력 투쟁을 벌였다. 이처럼 사림이 서로 다른 붕당으로 갈리게 된 것은 1575년의 일이었다.

당시 젊고 강직한 관리에게 돌아가던 이조 전랑이라는 자리는 누구나 탐을 내는 요직이었다. 지위는 그리 높지 않아도 벼슬아치들의 인사권을 쥐고 있었기 때문이다. 바로 이 자리를 놓고 노장 사림인 심의겸(沈義謙, 1535~1587)과 신진 사림인 김효원(金孝元, 1542~1590) 사이에 다툼이 일어났다. 그러자 모든 사림이 둘 중 한 사람 편에 서는 사태가 벌어졌다. 심의겸은 서울의 서쪽인 정동에 살고 있었기 때문에 그를 따르는 사림을 서인, 동쪽인 낙산 기슭 건천동에 살던 김효원의 세력을 동인이라 불렀다. 그 뒤 200여 년 동안 이들은 서로 자신의 논리와 실력을 겨루며 나라를 움직여 갔다.

정책과 철학이 날카롭게 경쟁하다

동인과 서인은 김효원과 심의겸이 사는 집의 위치에 따라 나뉘었지만, 그 뒤 지역과 이념에 따라 한층 굵고 선명하게 구분되어 갔다. 이황을 따르는 영남학파는 대체로 동인이 되었고, 이이와 성혼(成渾, 1535~1598)을 따르는 경기도·충청도 지역의 기호학파('경기도'와 '호서 지방'의 선비들을 가리키는 말로, '호서'는 충청도의 별칭임)는 서인이 되었다. 1589년에는 동인이던 호남 출신 정여립(鄭汝立, 1546~1589)이 반란을 꾀했다는 고발이 들어오면서, 정철(鄭澈, 1536~1593)이 이끌던 서인이 우세한 위치에 올랐다. 정철은 이 사건을 이용해 동인을 대대적으로 숙청하고 조정에서 확고한 지위를 차지했다.

그러나 1591년, 정철이 궁지에 몰리는 사건이 터졌다. 그 당시 임금인 선조에게는 왕비의 자식은 없고 후궁의 자식들만 여럿 있었다. 그래서 정철은 일찌감치 왕세자를 정해 놓아야 후환이 없다고 판단하여 동인 이산해(李山海, 1539~1609)와 상의 끝에 광해군을 추천하기로 했다. 그러나 이산해는 선조가 다른 왕자인 신성군(信城君, ?~1592)을 좋아한다는 점을 이용하여, 정철이 신성군을 해치려 한다는 보고를 선조에게 올렸다. 선조는 분노했고, 정철과 서인은 나락으로 굴러 떨어졌다. 정여립 사건을 빌미로 동인을 위기에 빠뜨린 정철에 대한 복수였다.

좌의정 유성룡은 붕당 간의 경쟁이 국가 운영을 둘러싼 정책과 철학의 대결이 아니라 이전투구(泥田鬪狗, 명분이 서지 않는 일로 모양새 나쁘게 싸움)식 정권 다툼으로 빠지는 것을 경계했다. 그래서 이산해와는 달리 정철을 호되게 처벌하는 데 반대했다. 같은 동인이던 이산해와 유성룡의 이러한 노선 대립은, 결국 이산해 쪽 남인과 유성룡 쪽 북인으로 갈라지는 결과를 낳고 말았다. 이러한 붕당의 핵분열이 계속되는 가운데 조선에는 또 다른 싸움의 그림자가 짙게 드리우고 있었다. 저 남쪽 일본에서 다가오는 거대한 전쟁, 곧 임진왜란이었다.

사단칠정

사단은 《맹자孟子》에 나오는 말로 인간의 본성에서 우러나오는 마음씨, 즉 선천적이며 도덕적인 능력을 말한다. 불쌍히 여기는 측은지심惻隱之心, 자신의 불의를 부끄러워 하고 남의 불의를 미워하는 수오지심羞惡之心, 양보하는 사양지심辭讓之心, 잘잘못을 분별하여 가리는 시비지심是非之心 이렇게 네 가지가 여기에 속한다. 칠정은 《예기禮記》에 나오는 말로, 인간의 본성이 사물을 접하면서 표현되는 자연적인 감정인 기쁨(喜)·노여움(怒)·슬픔(哀)·두려움(懼)·사랑(愛)·미움(惡)·욕망(欲)을 말한다.

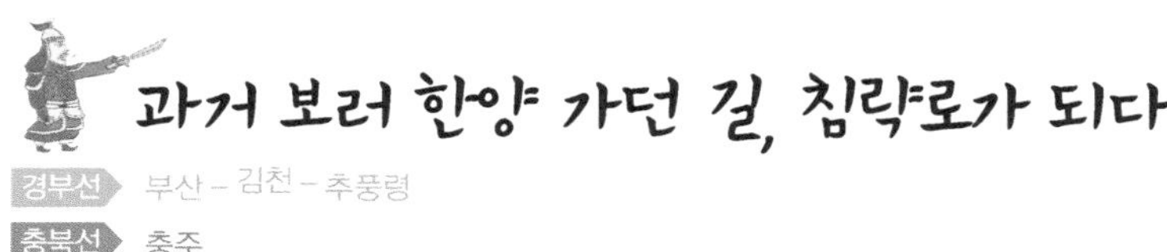

과거 보러 한양 가던 길, 침략로가 되다

경부선 부산 – 김천 – 추풍령

충북선 충주

새처럼 가뿟하게 날아 한양으로

조선 시대 선비들의 큰 꿈인 장원급제! 영남 선비들이 그 포부를 달성하기 위해 한양으로 과거를 보러 가는 길은 대체로 세 갈래였다. 그 세 갈래 길에는 각각 험준한 고개가 놓여있었다. 조선 시대 부산의 중심지였던 동래부(지금의 부산 동래구)에서 김천을 거쳐 충청도로 넘어가다가 마주치는 추풍령, 동래부에서 경상북도 상주를 거쳐 서울로 가는 조령(문경새재), 그리고 울산 쪽에서 경상북도 안동, 영주를 거쳐 올라가는 길의 죽령(경상북도 영주시와 충북 단양군의 경계에 있는 고개)이다.

지금은 이 세 곳 중에 추풍령의 교통량이 가장 많다. 대한민국 육상 교통의 핵심인 경부선과 경부고속도로가 통과하기 때문이다. 길을 내기에는 죽령이나 조령 높이의 삼분의 일밖에 되지 않는 추풍령이 훨씬 쉬웠다. 그러나 영남 선비들은 '영남 대로' 라고 불리던 길에 자리 잡은 조령을 주로 이용했다. 사람들 사이에 떠도는 말로는 추풍령으로 올라가면 과거 시험에서 추풍낙엽秋風落葉처럼 떨어지고, 죽령竹嶺을 넘어가면 대나무〔竹〕 밟듯이 미끄러진다고 해서, 새처럼 날아오르는 조령鳥嶺을 택했다고 한다.

청운의 꿈을 안고 조령이나 추풍령을 넘었던 선비들 가운데 새처럼 가뿟하게 벼슬길에 오른 사람보다는 추풍낙엽처럼 시험에서 떨어진 사람이 더 많았을 것이다. 그러나 이처럼 학문을 갈고 닦아 벼슬길에 나선 선비들이 나랏일을 맡았던 조선은 분명 문화 국가였다. 일제강점기에 사림 간의 권력 다툼을 가리켜 '후진적인 정치 문화'라고 깎아내리는 평가도 있었지만, 실상은 그렇지 않다. 이념과 소신이 분명한 학자 출신의 관료들이 나라를 어떻게 운영할지를 놓고 토론하고 경쟁한 데는 합리적인 측면도 있었다.

조선이 학자 관료들에 의해 문화적으로 운영될 수 있었던 것은 안팎으로 비교적 평화로웠던 정세 덕분이기도 했다. 그러나 이러한 태평성대는 1592년에 급작스럽게 막을 내렸다. 영남 선비들이 과거 보러 한양으로 가던 길을 일본 열도에서 건너온 침략자들이 가득 메운 것이다.

부산진에 드리운 전쟁의 그림자

우리나라에서 경인선에 이어 두 번째로 놓인 경부선. 경부선은 일본에 국권을 빼앗기기 전인 1905년 완공되었다. 종착역이 부산인 경부선은 일본의 시모노세키(下關)와 부산을 잇는 '부관釜關 연락선'이 운항을 시작하면서 일본 철도와도 이어졌다. 부산역 바로 앞에 자리 잡은 부산항은 조선 시대에도 일본 배가 드나들던 부산포라는 항구였다. 1589년 일본인 소 요시토시(宗義智, 1568~1615)가 배를 타고 부산포로 들어왔다. 그는 쓰시마(對馬) 섬의 책임자이자, 일본 사절단의 한 사람으로 외교 관계를 맺자고 요청하러 온 터였다. 그는 지금의 부산역 근처인 부산진 객사客舍에 머물면서 일본에 통신사(조선 시대 우리나라에서 일본으로 보내던 사신)를 파견해 달라고 조선에 요구했다.

당시 일본은 무인武人 도요토미 히데요시(豊臣秀吉, 1536~1598)가 내전에 휩싸여있던 나라를 통일한 때였다. 도요토미 히데요시는 안팎으로 권력의 정당성을 인정받기 위해 명나라와 조선에 잇달아 사절을 보냈다. 그리고 외교 관계를 맺으려고 노력했지만 모두 거부당했다. 그

부산에서 출발한 경부선 열차
한반도와 일본을 잇는 관문이었던 부산에는 1905년 철도가 개통되었다. 공간과 공간을 가까이 잇는 이 문명의 이기가 나라를 이롭게 하는 데만 쓰였다면 더욱 좋았을 터. 기차는 철커덕철커덕 식민지의 한을 싣고 달렸다.

리하여 그는 오랜 내전으로 단련된 일본군을 동원하여 한반도와 중국 대륙을 침략해야겠다고 생각했다. 소 요시토시를 비롯한 일본 사절단은 조선에게 통신사를 파견하지 않으면 전쟁이 일어날지도 모른다고 경고했다. 하지만 조선은 그들의 요청을 받아들이지 않았다.

소 요시토시는 일단 귀국했다가 그해 다시 한 번 부산포를 방문하여 거듭 통신사 파견을 요청했다. 조선 조정으로서도 그들이 흘리는 전쟁의 암시가 정말인지 확인해볼 필요가 있었다. 그리하여 이듬해인 1590년, 일본의 의도와 실정을 알아보기 위해 황윤길(黃允吉, 1536~?)을 정사(正使, 사신의 으뜸)로, 김성일(金誠一, 1538~1593)을 부사(副使, 정사를 돕는 사신)로 하는 통신사를 파견했다.

그런데 임무를 마치고 돌아온 이들의 보고가 서로 엇갈렸다. 황윤길은 도요토미 히데요시의 눈매가 매서운 데다 곳곳에서 병선兵船을 만들고 있어 전쟁 준비를 하고 있는 것이 틀림없다고 주장했다. 여기에 비해 김성일은 도요토미 히데요시가 볼품없는 인물이며 침략의 징후도 보이지 않는다고 보고했다.

여러 역사책에서는 '이처럼 엇갈리는 보고가 있었던 것은 나라의 미래보다 당의 이익을 우선시하던 그 당시 조정의 풍토 때문'이라고 말한다. 또 무사안일에 젖어있던 조선이 쉽게 김성일의 손을 들어 주어 비극을 자초했다고 덧붙인다. 결과적으로 전쟁이 일어났으니, 김성일과 조선의 지배층이 잘못된 판단을 내린 셈이기는 했다. 그러나 성리학 이념 아래 문화 국가를 숭상하던 조선이 전쟁을 준비하자는 결론을 내리기는 쉽지 않았을 것이다. 지금 같은 첨단 정보 시대에도 북한의 전쟁 위협을 놓고 군과 정치권에서 논의가 분분한데, 200년 가까이 큰 전쟁을 치르지 않았던 조선이 전쟁을 결심하기란 더 어려웠을 것이다.

부산역에서 내려서 노포동행 지하철로 갈아타고 두 정거장만 더 가면 부산진역이 나온다. 근처에는 부산포를 지키던 부산진성釜山鎭城이 있다. 부산진성이 노려보는 부산포 앞바다에 왜군 병선 700여 척이 새카맣게 몰려들기 시작한 때는 1592년 4월 13일 저녁이었다. 이 배

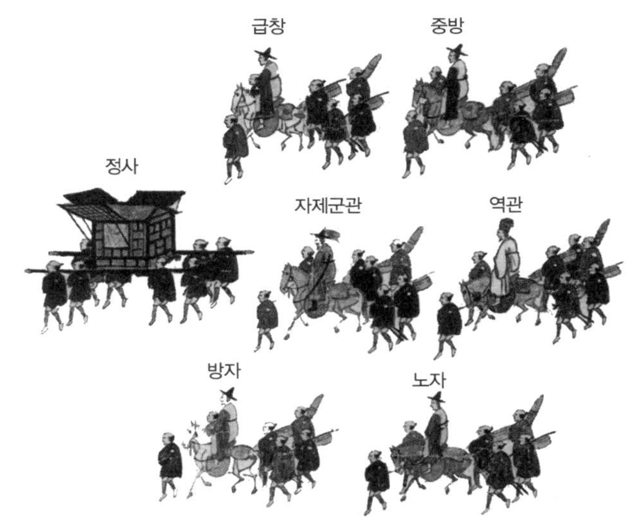

일본을 방문한 조선 통신사

〈조선 통신사 행렬도〉는 임진왜란 이후 일본에 파견된 조선 통신사의 모습이지만, 그 전의 규모도 이와 크게 다르지 않았을 것이다.

행렬의 총책임자인 정사正使가 앞장섰다. 통역을 맡은 역관, 정·부사의 아들이나 친척 자격으로 참관한 자제군관, 심부름꾼 노자·방자·중방, 삼부의 명령을 큰 소리로 전달하던 급창을 비롯해 500여 명에 이르는 대규모 사절이었다.

"도대체 누구 말이 맞는 거야?"

조선 통신사의 엇갈린 보고

일본이 정말 전쟁을 준비하는지 알아보기 위해 두 통신사를 파견했지만, 결론은 전혀 달랐다. 문화 국가 조선에서 확신 없이 전쟁을 시작할 수는 없는 터. 선조는 결론을 잠시 미루었다.

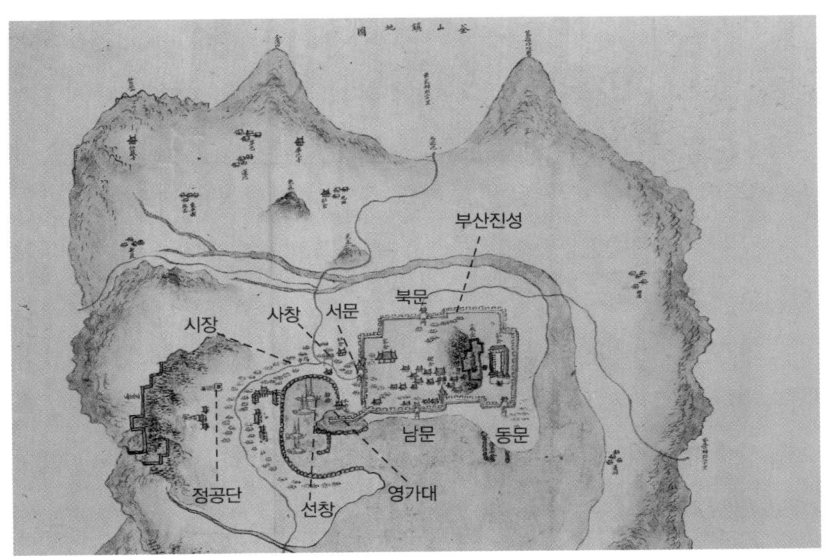

〈부산진지도〉로 보는 부산진성의 옛 모습
임진왜란이 시작된 부산진성은 동남 해안의 최전방 관문으로 군사적 요충지였다. 정공단은 임진왜란 때 장렬히 전사한 정발을 기리던 곳이다. 선창에서는 전쟁에 쓰는 배를 보관했는데, 이곳을 만들 때 파낸 토사로 '영가대'란 언덕을 만들었다. 여기서 조선 통신사가 입출항했으며 바다의 신에게 제사를 올리기도 했다.

에는 고니시 유키나가(小西行長, 1555~1600)가 이끄는 왜군 선발대 18,700명이 타고 있었다. 이들 가운데 고니시의 부관이 몇몇 군사를 거느리고 먼저 상륙하여 부산진성을 살폈다. 그는 바로 3년 전 두 번이나 부산포를 방문하여 통신사 파견을 요청했던 소 요시토시였다. 그는 다음과 같은 글을 적은 목판을 성 밖에 세웠다.

'정명가도征明假道', 이 말은 '명나라를 치러 갈 테니 길을 빌려 달라.'는 뜻이다. 당시 부산진을 책임지고 있던 관리는 첨사(조선 시대 각 진영에 속했던 종3품 무관) 정발(鄭撥, 1553~1592)이었다. 바다를 뒤덮고 있는 일본의 병선들을 본 정발은 이번 침공이 전면전을 노리는 도발임을 한눈에 알아챘다. 전에도 부산포에서 크고 작은 왜구의 침탈이 있었지만, 이번에는 그 규모가 달랐다.

2만 명에 가까운 왜군은 상륙하자마자 신무기인 조총으로 부산진성을 공격했다. 군사들은 최선을 다해 싸웠지만 수적 열세와 조총의 기동성에 밀렸다. 결국 성은 함락되었고, 정발도 조총의 탄환에 전사하고 말았다. 왜군은 곧 이어 동래부를 공격했고, 동래 부사 송상현(宋象賢, 1551~1592) 역시 적은 수의 병력으로 끝까지 싸우다 전사했다.

임진왜란을 일으킨 일본군은 부산진을 함락한 뒤 서울을 향해 파죽지세로 북상했다. 선발대인 고니시 유키나가의 군대는 경부선 노선을 따라 올라가다 길을 틀어 경상북도 상주 쪽으로 진출했다. 여기에는 순변사(변방의 군사와 행정 업무를 살피기 위해 임금의 명을 받고 파견된 특사) 이일(李鎰, 1538~1601)이 관군을 이끌고 대기하고 있었다. 일본군은 이일의 군대를 손쉽게 격파하고 조령을 넘었다. 그 너머에는 전략적 요충지인 충주에서 삼도 순변사 신립(申砬, 1546~1592) 장군이 정예 병력과 함께 일본군을 기다리고 있었다.

신립은 충주가 무너지면 한양까지 쉽게 뚫린다는 사실을 알고 있었다. 그는 탄금대彈琴臺에 배수진을 쳤다. 일본군도 고니시의 선발대

죽어도 길을 내놓을 수 없다
일본의 침략 명분은 '명나라를 치러 갈 테니 길을 빌려달라〔假我道〕'는 것이었다❶. 이러한 거짓말에 조선은 '목숨은 버려도 절대 그럴 수 없다〔假道難〕'며 맞섰다❷. 경상좌변사 이각의 무리❸는 동래성을 버리고 도망간 반면, 동래부사 송상현❹은 적은 병력으로 죽을힘을 다해 방어하다 장렬히 전사했다.

와 가토 기요마사(加藤淸正, 1562~1611)의 부대가 합세하여 공략할 채비를 하고 있었다. 이름부터 '충절의 고장〔忠州〕'이라는 뜻을 간직한 충주는 이처럼 임진왜란의 초기 전세를 가늠하는 일전을 기다리며 숨죽이고 있었다.

임진왜란이 일어난 1592년 이전까지만 해도 조선은 대대적인 외세 침략에 맞닥뜨린 적이 없었다. 조선 건국이 1392년의 일이었으니, 2

세기 동안 태평성대를 누린 셈이다. 따라서 전면전에 대비한 군사 태세를 완벽하게 갖추었을 리가 만무했다.

그러나 백전노장 신립에게는 나름대로 계산이 있었다. 조선군의 전통적 전술인 '장병 전술' 이었다. 이 전술은 기동성이 뛰어난 기병이 돌진하여 적의 전열을 흩트려놓으면 보병이 승부를 내는 방식이었다. 조선뿐 아니라 고대부터 우리 조상들은 이 전법을 즐겨 사용했다. 여기에 비해 일본군은 전통적으로 '단병 전술' 에 능했다. 칼을 들고 적 가까이에서 싸우는 것이 일본군의 장기였다.

조선의 기병대는 바람처럼 적진으로 뛰어들어 일본군 진영을 헤집고 적을 격퇴시켰다. 신립의 작전이 맞아떨어지는 듯했다. 하지만 격전이 계속되면서 조선의 기병대는 점점 지쳐 갔다. 모내기 철이라 탄금대 앞 벌판은 물기가 많았다. 질척거리는 벌판을 달리던 말들은 점점 기운이 빠졌다. 기병대의 기동력이 눈에 띄게 떨어지자 일본군이 쏘아대는 조총은 더욱 위력을 발휘했다. 조선군은 속절없이 밀려나기 시작했다.

열두 번 산을 오르내리며 싸웠건만

신라 시대 우륵이 가야금을 탔던 아름다운 절벽, 탄금대는 왜적의 침입으로 목숨을 걸고 싸우는 전장지가 되었다. 이곳에서 항전하던 신립은 패배가 가까워오자 달천에 뛰어들어 스스로 죽음을 택했다.

특명! 조선을 구하라

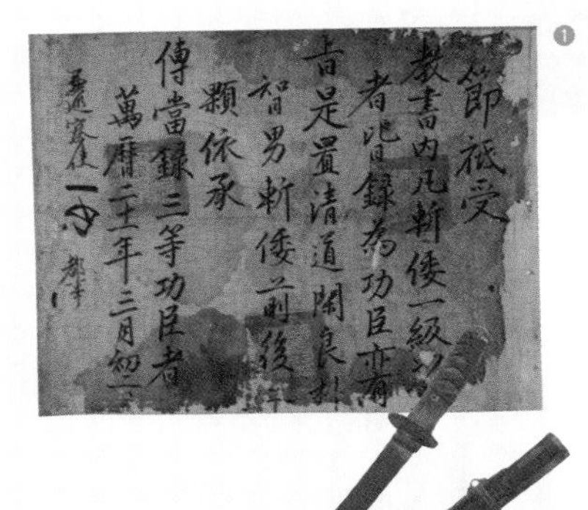
節祗受
敎書內凡斬倭一級以
者皆錄爲功臣亦有
旨是置淸道閑良
智男斬倭首級後
顯依承
傳當錄三等功臣者
萬曆二十年三月初

1592년 4월 조선을 침략한 16만의 왜군, 이때부터 7년간의 비극적인 전쟁이 시작된다. 200년 동안 태평성대를 누려 오던 조선 사람들은 이러한 기습 전면전에 대해 준비되지 않았다. 그러나 조선의 저력이 곧 발휘되어 곳곳에서 침략자에 대한 반격이 개시되었다.

1. 절지수節祗受 왜군의 목을 벤 사람을 공신으로 올린다는 내용이다.
2. 의병장 곽재우의 칼과 가죽활집 경남 의령에서 의병을 일으켜, 함안군 등지에서 크게 승리했다.
3. 영의정 유성룡의 《징비록》과 투구 《징비록》은 임진왜란 회고록으로 지난날을 징계하며 앞날을 삼간다는 의미를 담고 있다.
4. 전쟁 무기들 왼쪽부터 총의 일종인 대완구大碗口, 대완구의 포탄인 비격진천뢰飛擊震天雷. 그리고 오른쪽은 총통이다.

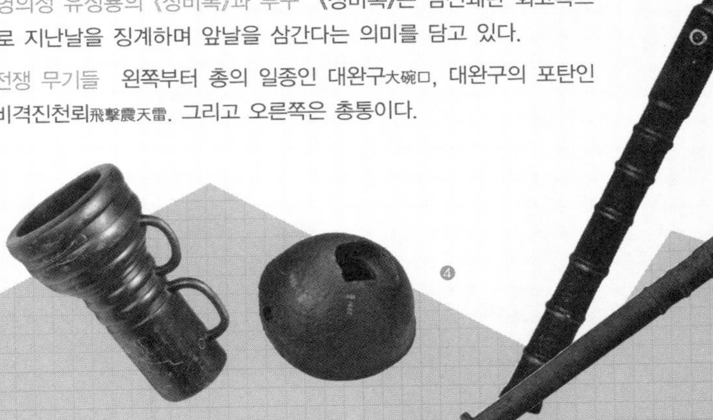

결국 신립은 적을 무찌르지 못한 것을 한탄하며 달천에 몸을 던졌다.

일본군은 신립의 군대를 전멸시킴으로써 한양으로 올라가는 중대한 고비를 넘었다. 충주가 적의 수중에 떨어졌다는 소식을 들은 조정은 부랴부랴 피난을 결정했다. 물론 끝까지 한양을 지켜야 한다는 목소리도 적지 않았다. 하지만 그것은 현실적으로 매우 위험한 일이었다.

도순변사 신립은 비록 패배하기는 했어도 자신이 할 수 있는 최선을 다했다. 이제 전쟁의 승패를 좌우하는 것은 기병의 기동력이 아니라 총포의 위력이었다. 이러한 사실을 뒤늦게 깨달은 조선이 서둘러 총포의 개발에 나서고서야 임진왜란의 전세는 역전될 수 있었다.

이순신 장군을 따라 남해안을 달리다

경전선 삼랑진 – 마산 – 순천

전쟁의 물꼬를 바꾼 한산도 대첩

서울과 부산을 잇는 철도는 경부선, 서울과 인천을 잇는 철도는 경인선이라 한다. 여기서 '경京'은 서울을 뜻한다. 그렇다면 경전선은 서울과 전주를 잇는 철도일까? 앞의 예에 비추어보면 그렇게 생각할 수도 있을 듯싶다. 그러나 경전선의 '경'은 경상도의 첫 글자인 '경사 경慶' 자이고, '전'은 전라도의 첫 글자인 '온전 전全' 자에서 따왔다. 물론 이것은 전주의 첫 글자이기도 하다. 전라도라는 지명 자체가 '전주와 나주가 있는 도道'라는 뜻이기 때문이다.

경상도와 전라도를 이어주는 철도라면 우리 역사에서 결코 하찮은 의미를 지니지는 않을 듯하다. 두 지역은 한반도 남부에 나란히 이웃하면서도 현대사에서 불편한 관계를 이어왔기 때문이다. 이러한 적대적 감정은 두 지역 출신의 정치인들이 부추겨온 탓도 크다. 경전선은 이러한 마음의 거리를 이어주며 오늘도 부지런히 한반도 남부의 동서를 잇고 있다.

경전선을 따라 달리노라면 경상도와 전라도를 가리지 않고 자주 보이는 것이 있다. 하나는 남해의 쪽빛 물결이고, 또 하나는 이순신(李舜臣, 1545~1598)의 자취다. 임진왜란 당시 육지에서 조선군이 일본군에게 밀리는 사이, 남해에서는 이순신이 지휘하는 조선 수군이 동서를 넘나들며 일본 수군을 물리쳤다. 전쟁이 계속된 7년 내내 자신이 지휘한 전투에서 단 한 번도 패하지 않은 이순신. 그가 승승장구하며 나라를 지킬 수 있었던 원동력은 과연 무엇이었을까? 경전선을 따라 흐르는 푸른 바다를 바라보며, 16세기 조선으로 돌아가보자.

임진왜란이 일어났을 무렵, 한반도 남쪽 바다를 지키는 조선 수군은 네 개의 진영(조선 시대에 각 도의 군사적 요지에 둔 군대)으로 나뉘어있었다. 경상도와 전라도에 각각 두 개의 좌수영과 우수영이 있었다. 좌수영이라 하면 지도 왼편에, 우수영은 지도 오른편에 있을 것이라 생각하기 쉽지만 실제로는 반대였다. 경상 좌수영이 오른쪽 끝인 동래(지금의 부산)에, 경상 우수영이 왼쪽 거제도에 위치했다. 그리고 이순신이 책임지고 있던 전라 좌수영이 왼쪽의 순천 오동포(지금의 여수)에, 전라 우수영이 오른쪽의 해남에 자리하고 있었다.

왜 이런 현상이 벌어졌을까? 그것은 방위 개념을 임금이 거처하는 경복궁을 기준으로 했기 때문이다. 경복궁에서 내려다보면 동쪽이 지도상의 왼편이고, 서쪽이 오른편이다.

선조 25년인 1592년 4월 13일, 일본군은 가장 먼저 부산으로 밀고 들어왔다. 미처 예상하지 못한 기습 공격 앞에 부산을 지키던 경상 좌수영은 손 한 번 제대로 써 보지 못하고 당할 수밖에 없었다. 부산진이 무너지자 일본 수군은 그곳에 진을 쳤고, 육군은 한양을 향해 계속 올라갔다. 부산에 남은 일본 수군도 '서쪽으로 진격하여 전라도 해안을 장악하고 서해안을 따라 북상한다.' 는 계획을 세워놓고 있었다.

이순신이 지휘하는 전라 좌수영은 부산에서 멀리 떨어져있었던 까닭에 일본군의 기습 공격을 받지 않았다. 그러나 일본 수군이 계속 전라도로 진격해 오고 있었으므로 머지않아 닥칠 전투에 대비해야 했다. 때마침 경상 우수영을 지휘하던 원균(元均, 1540~1597)에게서 지원 요청이 날아왔다. 연합 함대를 편성하여 강력한 일본 수군에 맞서 싸우자는 뜻이었다. 이순신은 오랜 고심 끝에 이 요청을 받아들이고 여수의 전라 좌수영을 나섰다. 마찬가지로 해남에 있던 이억기(李億祺, 1561~1597)의 전라 우수영 수군도 바닷길로 나섰다. 일본군을 막기 위해 조선 수군이 총집결하고 있었다.

이순신과 《난중일기》
임진왜란을 승리로 이끈 거장 이순신은 나라의 운명을 책임지고 생사의 갈림길에 홀로 서야 했던 7년의 시간을 일기로 남겼다.

1592년 5월 4일, 여수를 떠난 이순신 함대는 경상도 옥포에서 처음으로 일본군과 맞닥뜨렸다. 그리고 적함 26척을 침몰시키는 대승을 거두었다. 그 뒤로도 이순신 함대는 합포(지금의 마산), 사천, 당포(지금의 통영) 등에서 일본군을 만나는 족족 무너뜨리며 혁혁한 전과를 올렸다.

사태가 이러하자 일본에서 전쟁을 총지휘하던 도요토미 히데요시가 팔을 걷어붙이고 나섰다. 육군과 수군이 함께 북진한다는 수륙 병진 전략이 초반부터 먹혀들지 않자 그의 속은 타 들어갈 대로 탄 상태였다. 도요토미는 곧바로 명장 와키자카 야스하루(脇坂安治, 1554~1626)를 남해 전선에 투입시켰다. 와키자카는 경기도 용인에서 벌어진 전투에서 1,000여 명의 병력으로 5만 명에 이르는 조선군을 격퇴한 일본의 영웅이었다. 도요토미는 와키자카에게 남아있는 수군 병력으로 대규모 함대를 편성해 통영 앞바다를 지키고 있던 이순신의 함대를 공격하라고 명령했다.

때는 1592년 7월 7일, 이순신의 전라 좌수군과 이억기의 전라 우수군, 그리고 원균의 경상 우수군이 모인 통영으로 급보가 내려왔다. 거제도의 견내량(통영에서 거제도로 건너가던 나루터가 있던 마을)이라는 포구에 와키자카가 이끄는 일본 함대가 쳐들어왔다는 소식이었다. 와키자카는 하루빨리 조선 수군을 격파하여 공을 세울 요량이었는지 연합함대를 구성하는 대신 자신의 함대만으로 밀고 들어왔다. 단독 함대라고는 하지만 그 수가 73척에 이르는 엄청난 규모였다.

조선의 연합 수군은 어떻게 대처할지 고민했다. 원균은 견내량으로 밀고 들어가 승부를 내야 한다는 의견을 냈고, 이순신은 넓은 바다로 적을 유인해 포격전(대포를 이용한 공격)을 벌이자고 했다.

바다를 가득 메운 학익진

이튿날, 조선군의 작전은 이순신의 구상대로 이루어졌다. 이순신은 한산도 앞바다 일대에 전함을 숨기고 몇몇 전함만 견내량으로 보냈다. 이들 선발 함대는 공격을 퍼붓다가 일본군의 기세에 밀리는 양, 한산도 앞바다로 도망쳤다. 일본 함대는 더 더욱 무서운 기세로 뒤를 쫓았지만 그것은 함정에 지나지 않았다. 넓은 바다에 다다르자, 조선 함대가 뱃머리를 돌려 학이 날개를 편 듯한 형세로 진을 쳤다. 섬 뒤

통영 앞바다에 학이 날다

한산도 앞바다로 적을 유인한 이순신은 대포를 쏘아 크게 승리했다. 왜군을 이끈 장수 와키자카는 겨우 탈출하고 10여 척만 간신히 도망갔다. 그림은 학익진의 형태로 배들이 떠있는 모습을 그린 12곡 병풍 수조도.

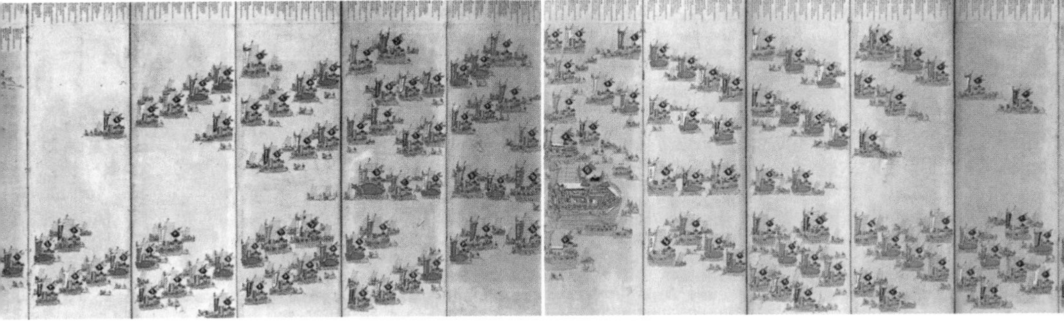

에 숨어있던 배들도 하나 둘 모습을 드러내, '학익진(鶴翼陣, 학이 날개를 편 듯이 치는 진으로, 적을 포위하기에 편리함)' 이라고 불리는 이 진법에 가세했다.

일본 함대가 포위되자 이순신은 포격 명령을 내렸다. 조선의 화포는 발사하는 데 시간이 오래 걸리고, 정확도마저 떨어졌다. 그래서 앞선 해전에서 기동성이 좋고 정확도가 높은 조총으로 무장한 일본군에게 속절없이 당했던 것이다. 그런데 학익진은 적의 함대를 품고 삼면에서 화포를 쏘아대는 진법이다. 마구잡이로 쏘아도 정면에서 포를 쏠 때보다 명중률이 높을 수밖에 없었다.

게다가 조선 수군에게는 거북선이라는 철갑 돌격선이 있었다. 뾰족한 철제 돌기가 무수히 돋은 거북선은 거칠 것이 없었다. 닥치는 대로 포를 쏘면서 적진까지 들입다 밀고 들어가서 적의 배를 파손시켰다. 칼싸움에 능한 일본군이었지만 거북선에 올라타면 철제 돌기에

이순신의 무공이 빛난 한산도 앞바다

이순신은 이곳에서 학익진 전법을 통해 왜군에 대승을 거두었다. 그가 아니었다면 이 평화로운 푸른 바다는 영영 우리 것이 아니었을지도 모른다.

나라를 구한 이 땅의 명장들

플랫폼 박물관

우리나라는 대륙과 해양이 만나는 지정학적 조건 탓에 이민족이 자주 침략했다. 그럴 때마다 우리 조상들은 용기와 지혜를 겸비한 장군들의 지도 아래 침략을 물리치고 반만 년 역사를 이어 왔다. 목숨까지 내놓고 치열하게 싸웠던 전쟁터의 영웅들을 살펴보자.

1. 권율權慄 임진왜란 동안 군대를 총지휘했으며, 행주대첩에서 큰 전승을 올렸다.
2. 권율 장군 대첩 비각 선조가 행주대첩의 전공을 기리기 위해 건립한 비.
3. 강감찬姜邯贊 장군 영정 고려 시대의 명장으로, 귀주대첩에서 거란의 10만 군대를 격파했다.
4. 강감찬 장군 출생지 별이 떨어졌다는 뜻의 '낙성대'. 2호선 낙성대역이 바로 근처에 있다.
5. 임경업林慶業 장군 '명과는 화친하되, 청을 멀리한다'는 사상이 투철했던 인물로, 정묘호란과 병자호란 때 활약했다.
6. 임경업 장군이 군수로 재직했던 낙안읍성 전라남도 순천시 보성군의 이 마을에는 아직도 사람들이 거주하는 초가들이 있다.

거북선, 국운을 바꾸다
임진왜란 당시 꺼져가던 조선의 불씨를 다시 살려낸 배다. 《태종실록》에는 거북선이 조선 초에도 존재했다고 나오지만, 그 생김새는 확인할 수 없다.
이순신이 고안한 거북선은 판옥선을 개조한 것으로, 배 앞부분에 용 머리를 달고 등판을 거북 등딱지와 비슷하게 만들었다. 판 위에는 칼과 송곳을 꽂았으며, 양옆으로 총포 구멍을 내고 대포를 장착했다.

찔려 죽거나 죽지 않더라도 크고 작은 부상을 입었다.

임진왜란 전체의 운명을 가늠할 수도 있었던 이날의 한산도 대첩에서 아군은 적선 73척 가운데 47척을 침몰시키고 12척을 사로잡았다. 조선 수군의 대승이었다. 용인 전투의 영웅 와키자카는 부근 무인도로 피신했다가 겨우 목숨만 건져 달아났다.

한산도 대첩에서 승리한 이순신은 경상·전라·충청 세 지역의 수군을 지휘·통솔하는 삼도 수군 통제사로 임명받아 통영에 본부를 두고 전 조선 수군을 지휘했다. 그의 군대는 그 뒤로도 일본군의 공격을 막아내 바닷길을 굳건히 지켰다.

이처럼 이순신의 함대가 강했던 비결은 무엇보다도 조선 수군의 장점을 최대한 활용한 전략에 있었다. 조선 수군은 전통적으로 포격전에 강했다. 반면 일본 수군은 배끼리 붙여놓고 적선에 올라가 칼을 들고 싸우는 접근전에 능했다. 이순신은 이러한 차이를 잘 알고 있었기에 포격전에서 승부를 낼 수 있도록 전략을 짰던 것이다. 한산도 대첩에서 선보인 학익진 역시 포격전을 효율적으로 벌이기 위한 비책秘策이었다. 1905년 러일전쟁 당시 일본 함대가 사용한 '정丁자 전법'은 바로 임진왜란 때의 학익진을 응용한 것이라고 한다.

오늘날 경전선이 달리는 경상도와 전라도의 철길 연변에는 '왜성'이라 불리는 유적들이 적지 않게 남아있다. 왜성은 임진왜란 때 일본군이 점령한 지역에 쌓은 성이다. 이순신의 탁월한 전략과 조선 수군의 분투가 없었다면, 이 왜성들은 조선을 지배하는 일본의 거점이 되었을지도 모른다.

녹두장군 말 달리던 호남 벌판

호남선 목포 – 나주 – 정읍 – 대전 – 김제 – 익산

전라선 여수 – 순천 – 전주 – 삼례 – 익산

전라도 고부에서 농민운동이 일어나다

> 녹두장군 말 달리던 호남 벌에서 황톳길 달리며 우리 자랐다.
> 노령의 힘찬 산맥 정기 받아서 바위같이 굳세게 힘을 길렀다.

민요 〈호남 농민가〉의 첫 구절이다. 여기에 등장하는 '녹두장군'은 조선 말 갑오농민전쟁을 이끈 전봉준(全琫準, 1855~1895)을, '호남 벌'은 전라도 땅을 가리킨다. 우리나라의 대표적 곡창 지대인 호남은 예부터 국가 재정의 기반이 되어온 풍요로운 땅이었다.

호남과 서울을 연결하는 철도는 크게 두 갈래로 나뉜다. 충청남도 대전에서 전라남도 목포로 이어지는 호남선과 전라북도 익산에서 출발하여 전라남도 여수까지 이어지는 전라선이다. 일제 강점기 때 일찌

호남선 제2 노령 터널의 옛 모습
땅이 비옥해 식량 자원이 풍부했던 전라남도. 그러나 수탈에 열을 올린 탐관오리, 식민지를 가혹하게 침탈한 일본 세력에게 모두 빼앗기고 농민들은 처절한 가난에 시달려야 했다. 입구에 걸린 일장기는 터널 속만큼이나 어두웠을 식민지 현실을 보여준다.

감치 완공된 이 두 간선철도는 호남 곡창지대에서 생산된 농산물을 서울로 효과적으로 실어 나를 목적에서 건설되었다. 그러나 이곳의 풍요로움은 소수의 몫이었다. 농민들은 피땀 흘려 수확한 곡식을 지주인 양반에게 소작료로 떼이거나 나라에 세금으로 빼앗겼다. 남는 것은 가난뿐이었다.

19세기 들어 조선의 국가 기강이 해이해지면서 각종 조세정책도 점점 문란해져 갔다. 각양각색의 명분을 달아 곡식을 수탈해 가니 더 이상 참다못한 농민들이 급기야 곳곳에서 들고 일어났다. 호남도 예외는 아니었다.

1894년 전라남도 고부군에서 전봉준의 지도 아래 일어난 농민운동은 곧 나라 전체를 뒤흔들 만큼 규모가 커졌다. 처음에는 개화파 정부에 항의하는 양상을 보였다. 그러다 규모가 점점 커지더니, 나중에는 일본 침략군과 정면으로 대결하는 데까지 이르렀다. 근대의 들머리에서 조상들이 맞닥뜨린 역사적 과제가 무엇이었는지를 알아보기 위해 호남벌로 달려가 보자.

호남선의 중간쯤인 전라북도 정읍과 김제 사이에 만석보라는 유적지가 있다. 조선 시대까지만 해도 이 일대는 고부군이라 불렸다. 1892년 이곳 군수로 부임한 조병갑은 온갖 방법을 동원해 농민들의 피땀을 우려내고 있었다. 특히 만석보 사건은 그의 탐욕이 얼마나 대단했는지를 잘 보여준다.

당시 고부군에는 배들 평야를 가로질러 동진강으로 흘러드는 큰 개천이 있었는데, 거기에는 이미 '보(洑, 저수지)'가 있었다. 그런데도 조병갑은 바쁜 농사철에 농민들을 불러들여 그 아래 만석보라는 저수지를 새로이 만들었다. 그리고는 가을걷이가 끝나자 물세를 거두어들

만석보가 있었던 자리에 세운 비석
만석보를 쌓느라 허리가 휘도록 일해도 푼돈 하나 받지 못한 농민들은, 마침내 전봉준을 중심으로 뭉쳐 울분을 토해냈다.

였다. 만석보 덕분에 농사가 더 잘되었다는 핑계였다. 필요하지도 않은 저수지를 만들고 세금까지 거두니, 농민들로서는 분통이 터지는 노릇이었다.

그러잖아도 이런저런 못된 짓으로 농민의 불만을 사고 있던 조병갑이었다. 물세가 아니더라도 죄 없는 사람들을 잡아들여 불효를 했느니, 노름을 하였느니 하면서 온갖 생트집을 잡아 두들겨 패기 일쑤였다. 물론 돈만 내면 당장 풀어주었다. 심지어 이웃 고을에서 수령 노릇을 했던 아버지의 선정비를 세운다며 돈을 뜯기도 했다. 참다 못한 농민들이 소장(訴狀, 청원할 일이 있을 때 관청에 내는 서류)을 들고 관아로 찾아가면 오히려 가두어버렸다.

상황이 이러하자 농민들은 동학의 고부 접주(接主, 동학의 교단 조직인 '접'을 맡은 책임자) 전봉준을 중심으로 모이기 시작했다. 원래 동학은 1860년 경주 사람 최제우(崔濟愚, 1824~1864)가 서학에 대항해 창시한 민족종교였다. 동학은 사람들에게 "스스로의 마음을 지키고 하늘을 공경하라. 사람은 모두 하늘과 같으니〔人乃天〕, 신분에 따라 차별하지 말고 모든 사람을 공경하라."라고 가르쳤다.

차별적 신분 질서를 비롯한 봉건 체제를 거부하는 동학의 가르침은 멸시당하던 농민과 천민에게 깊은 감명을 주었다. 동학은 포악한 정치와 가난에 시달리던 백성들에게 한줄기 희망의 빛이 되어 교도의 수는 하루가 다르게 늘어났다. 그러자 조정은 위기를 느낀 나머지

농민의 피눈물을 보아라
고부 백산에 운집한 만여 명의 농민과 동학 교도들의 주장은 이러했다. '포악한 것을 물리치고 백성을 구원하라(除暴救民)', '나랏일을 돕고 백성을 편안하게 하라(輔國安民)', '서양과 일본 세력을 몰아내기 위해 의병들을 모아라(斥倭洋倡義)'.

1864년 최제우를 처형해버렸다. 하지만 동학의 열기는 사그라지지 않았다. 오히려 전봉준을 중심으로 한 무장봉기 세력으로 결집하기 시작했다.

1894년 1월 10일 새벽, 머리에 흰 수건을 동여맨 1,000여 명의 동학 교도와 농민들이 몽둥이와 죽창竹槍을 들고 고부 관아로 쳐들어갔다. 탐관오리를 솎아내어 수령과 향리들의 비리를 뿌리뽑기 위해서였다. 그들은 관아의 무기를 뺏고 불법으로 징수한 곡식을 가난한 양민에게 나누어주었다. 이 사태를 보고받은 조정은 고부 군수 조병갑을 체포하여 한양으로 압송하고, 용안 현감으로 있던 박원명朴源明을 후임으로 보냈다. 박원명은 전라도의 사정을 잘 아는 광주 사람으로 적절한 조처를 취하여 군중의 자진 해산을 이끌어냈다.

여기까지는 그전에 있었던 여느 민란과 전개 과정이 크게 다르지 않았다. 그러나 문제는 사태를 마무리하라고 보낸 안핵사(민란을 조사하고 수습하기 위해 지방으로 보내던 임시 벼슬) 이용태(李容泰, 1854~?)였다. 사태의 책임을 전부 동학 교도와 농민들에게 돌린 그는 주모자 색출에 혈안이 되어 동학 교도의 명단을 작성해 이들을 체포하라는 명령을 내렸다.

상황이 이 지경에 이르자 전봉준은 탐관오리 몇 명을 쫓아낸다고 농민들의 삶이 나아지지 않는다는 사실을 깨달았다. 그는 가까운 곳의 동학 접주들에게 글을 보내, '보국안민(輔國安民, 나랏일을 돕고 백성을 편안하게 함)'의 기치를 내걸고 다 함께 일어나자고 설득했다. 그해 3월, 전봉준을 중심으로 인근의 전라북도 태인, 부안, 고창 등지에서 모여든 농민군의 수는 1만 명에 육박했다.

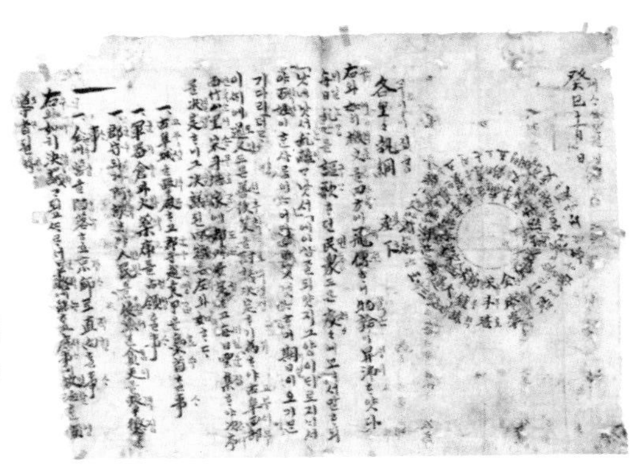

사발통문沙鉢通文으로 결의하다
전봉준을 비롯한 20여 명이 봉기를 결의하며 작성했다. 주동자를 알지 못하도록 둥글게 서명했다.

이에 전라 감사 김문현(金文鉉, 1858~?)은 급히 관군 수천 명을 이끌고 정읍 부근의 황토현에서 농민군과 맞섰다. 4월 6일에 시작된 전투는 다음 날 새벽까지 이어지다가 결국 관군의 처참한 패배로 끝이 났다. 서슬 퍼런 농민군의 기세에 관군이 속수무책으로 당하고 말았던 것이다. 단순한 민란이 아닌 대규모 농민 전쟁의 막이 오르고 있었다.

전주에서 화약을 맺다

기세등등해진 농민군은 채 한 달도 안 되는 사이에 호남 전역을 휩쓸었다. 관아를 습격해 죄수들을 풀어주고 무기와 탄약을 챙기는가 하면, 농민을 괴롭히던 관리들의 집을 모두 불태워 버렸다.

그 당시 전라도의 감영(관찰사가 직무를 보던 관아)은 오늘날 전주에 자리잡고 있었다. 농민군의 기세에 당황한 조정은 전라 병마절도사(각 도의 육군을 지휘하던 종2품 무관) 홍계훈(洪啓薰, ?~1895)을 초토사(변란이 일어난 지방에 파견한 임시 무관)로 임명하고, 중앙 군대 800명을 전주로 내려보내 농민군을 진압하게 했다.

군사를 이끌고 전주성을 나선 홍계훈은 월평리 황룡촌에서 농민군

죽창과 총포의 대결

황토현 전투에서 농민군은 병력이 절대적으로 약세인 가운데서도 대승을 거두었다. 이로써 농민 항거는 혁명으로 불타올랐고, 정읍·흥덕·고창·무장 등지로 항쟁을 넓혀나갔다.

과 맞닥뜨렸다. 하지만 곧 농민군에게 눌려 크게 패했다. 게다가 초토사가 자리를 비워 방비가 허술한 틈을 타, 정읍 쪽에서 올라온 또 다른 농민군이 전주성까지 접수했다. 홍계훈은 전주성이 농민군 손에 들어갔다는 소식을 듣고, 다음 날 달려가 총포를 쏘아대며 탈환 작전을 벌였다. 농민군이 관아를 휩쓸면서 무기를 빼앗았다지만 기껏해야 소총 정도였다. 대부분은 스스로 만든 죽창을 들고 있을 뿐이었다. 그러니 성능 좋은 대포를 쏘아 대며 다가오는 관군을 막아내는 데는 한계가 있었다.

농민군이 500여 명의 전사자를 내며 수세에 몰리자 홍계훈은 이들을 설득하기로 마음먹었다. 고부 군수와 전라 감사, 안핵사 등을 징계하고, 앞으로도 탐관오리를 계속 처벌할 테니 싸움을 끝내자는 것이었다. 때마침 정부가 청나라에 요청했던 지원군이 아산만에 도착했다는 소식이 들려왔다. 당시 조선은 자국 농민들이 일으킨 의병을 해결하기 위해 다른 나라에 구원병을 요청할 만큼 한심하고 무능했다. 게다가 일본은 일본대로, 조선의 개항지에 살고 있는 자국 국민을 보호한다는 구실로 군대를 보내기로 결정한 상태였다.

농민군은 정부군에 무기나 식량 등 여러 가지 면에서 불리했지만, 외국군까지 들어온 마당에 같은 조선 사람끼리 싸우는 일은 대의에 어긋난다고 생각했다. 그리하여 하는 수 없이 5월 7일, 12개 조항의 폐정 개혁을 요구하면서 홍계훈의 제안을 받아들이고 일단 해산했다.

고종과 홍계훈의 대담 문서
전라 병마 절도사였던 홍계훈은 죽창을 들고 일어선 농민군과 전쟁하다 후에 평화적 협상을 이끌어냈다.

그리고 자신들이 점령했던 전라도 일대의 53개 군에 민정 기관인 집강소(조선 후기, 동학 농민군이 전라도 지방에 설치한 자치적 개혁 기구)를 설치하여 직접 폐정 개혁에 나섰다.

우금치에 지다

농민군 봉기를 구실로 이 땅에 들어온 청나라와 일본 군대는 사태가 평화적으로 해결되었는데도 본국으로 돌아가지 않았다. 오히려 일본은 이번 사태를 침략의 계기로 삼고 한양을 포위했다. 그리고 조선 정부에 내정 개혁을 강요했다.

급기야 일본군은 6월 21일 무력으로 경복궁을 장악하고 민씨 정권을 몰아낸 뒤, 김홍집을 비롯한 개화파를 끌어들여 새 정권을 세웠다. 그리고 친일 정책을 수립할 것을 새 내각에 강요하면서 아산만에 머물러 있던 청나라 함대를 공격해 전쟁을 일으켰다. 전세는 일본 쪽에 유리하게 돌아갔다. 집강소에서 폐정 개혁에 힘쓰던 전봉준은 이제 일본과 맞서 싸워야 할 때라고 판단했다. 개화파 정부 뒤에 일본이 도사리고 있는 한, 폐정 개혁을 추진한들 의미가 없다고 생각했기 때문이다.

각지의 농토에서 곡식이 여물기만을 초조하게 기다리던 전봉준은 9월로 접어들자 전주에서 다시 농민군을 모아 봉기를 일으켰다. 그의 동지 손화중(孫華仲, 1861~1895)도 전라도 광주에서 궐기했고, 각지의 농민군이 다시 그들을 중심으로 모여들었다. 전봉준은 오늘날 전라선이 지나는 전라도 삼례를 근거지로 정한 뒤, 대군을 이끌고 논산으로 향했다.

농민군은 논산에 모였다가 세 방향으로 나뉘어 충청도 공주를 향해 북쪽으로 진군했다. 이 정보를 입수한 관군과 일본군은 급히 증원 부대를 요청하여 공주에 집결시켰다. 10월 21일 전봉준의 10만 호남군과 손병희(孫秉熙, 1861~1922)가 이끄는 호서군 10만 명이 공주에 모였다. 20만 명은 임진왜란 당시 파죽지세로 한양을 함락시킨 왜군의 전체 병력보다 많은 숫자였다.

그러나 근대적 무기와 화력으로 무장한 관군과 일본 연합군 앞에서는 20만 대군도 상대가 되지 않았다. 농민군은 공주에서 부여로 넘어가는 우금치에서 사력을 다해 싸웠지만 적의 압도적인 화력을 당해내지 못하고 크게 패했다.

굳은 의지는 꽃처럼 지다

일본이 제멋대로 조선 정부를 장악하자 농민군은 외세를 물리치기 위해 다시 일어났다. 그러나 그들은 공주 우금치 전투에서 크게 패하고 말았다. 김개남(오른쪽)은 전주로 압송되어 당시 형장이었던 초록바위에서 처형되었고, 서울로 끌려간 전봉준(왼쪽)은 손화중(가운데)과 함께 1895년 3월 29일 교수형에 처해졌다.

우금치 전투는 우리 근대사의 운명을 결정지은 한판 승부였다. 이 날 전투에서 진 농민군은 다시 일어서지 못했다. 그리고 지도자 전봉준은 전라도 순창에서 재기를 꾀하다 11월에 배신자의 밀고로 체포되었고, 이듬해 3월 서울에서 처형되었다. 이로써 한 해 동안 무려 30만 명이 넘는 희생자를 낳은 대규모 농민운동은 마침표를 찍었다. 그리고 도저한 역사의 물결이 녹두장군이 사라진 한반도를 향해 물밀 듯 몰려왔다.

마지막 정거장, 그 이후 이야기

우리의 근대사는 식민지 지배의 아픈 기억을 지니고 있다. 하지만 이 역시 결코 잊지 말아야 할 우리 역사다. 한일병합에서 대한민국 수립까지, 파란만장한 시간들을 되돌아보자.

1. 국권 피탈의 현장 1910년 8월, 조선 통감이었던 데라우치의 관사에서 국권을 강탈당했다.
2. 3·1독립선언서 최남선이 썼으며, 불교, 기독교, 천도교 등 각 분야의 민족대표 33인이 서명했다.
3. 임시정부 청사 1919년 중국 상하이에 세워진 대한민국 임시정부. 안창호가 모은 독립 의연금으로 건물을 구했다.
4. 해방 1945년 8월 15일, 반만 년 역사를 되찾은 감격적인 순간이었다.
5. 대한민국 수립 온 민족이 함께 새 출발하지 못하는 아쉬움을 뒤로 한 채 남북이 각각 정부를 수립했다.

내리는 곳

유성룡

"초고속으로 승진 했습니다!"

재야에 머물렀던 다른 영남 사림들과 달리 유성룡은 현실 정치에 직접 뛰어들어 정승 자리까지 올랐다.

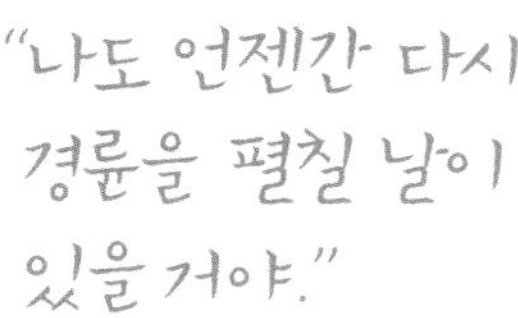

권력 다툼에서 밀려난 이언적은 나이 마흔에 고향으로 돌아와 독락당을 지었다.

"학이 날개를 펴니
무서울 것이 없네."

이순신은 학익진 전법으로
이룬 한산도대첩을 비롯하여
7년간 단 한 번도 지지 않았다.

"앗, 뜨거워!
활에 화상입겠네."

탄금대에 배수진을 친 신립은
활이 뜨거워질 때마다
강물에 적신 다음 왜군에게
화살을 쏘고 또 쏘았다.

"새야 새야 파랑새야
녹두 밭에 앉지 마라."

탐관오리의 횡포를 견디다 못한 농민들은
녹두장군을 중심으로 혁명의 불길을 피워올렸다.

한국사 일주 연표

년도	내용	관련 지역	주요 인물	참고 쪽
기원전 70만 년	주먹도끼를 사용하고 낚시와 사냥으로 생활하다	연천 전곡리 선사 유적지		156~161
기원전 1~3세기 추정	백제가 한성에 도읍을 정하고 위례성을 쌓다	몽촌토성, 풍납토성	온조	76, 118~122
5~6세기	한강 유역을 두고 삼국이 다투다	한강, 풍납토성, 아차산성	개로왕, 장수왕, 온달 장군	119~126
1259	유라시아 대륙을 잇는 몽골의 역참로와 고려 역참로를 연결하다	개경, 의주	충선왕, 안향, 이제현	163~168
1392	태조 이성계가 조선을 세우다	개성, 왕십리	태조, 무학 대사	13, 18, 165
1398	제1차 왕자의 난이 일어나고 정종이 왕위에 오르다	한양, 개경	이방간, 이방석, 이방원, 이방번, 이방과(정종)	13
	한양의 통행 금지와 재개를 알리는 종각을 세우다	종로	태조, 세종	24~27
1400	제2차 왕자의 난이 일어나고 태종이 왕위에 오르다	개경	이방간, 이방원(태종)	14
1402	태조가 함흥을 떠나 한양으로 돌아오다	함흥, 의정부, 뚝섬	태조, 태종, 박순, 무학 대사, 정도전	12~21
1457	계유정난을 일으켜 왕위에 오른 세조가 단종에게 사약을 내리다	영월	세조, 단종, 엄흥도, 왕방연	187
1592	임진왜란이 일어나다	탄금대, 부산포	선조, 신립, 원균, 이순신, 이일, 홍순언	68, 166, 216~233
1623	인조반정으로 광해군이 물러나고 인조가 왕위에 오르다	구파발, 홍제, 연신내	광해군, 인조, 이서, 이중로, 이괄, 김류	86~92
1627	정묘호란이 일어나다		인조	95, 104
1636	병자호란이 일어나다	미아리, 회현, 남한산성	인조, 김상용, 김상헌, 정광필, 송시열, 최명길	95, 105~112
1760	청계천 바닥을 파내고 물길을 넓히는 대공사를 벌이다	청계천	영조	72, 141

년도	내용	관련 지역	주요 인물	참고 쪽
1791	난전을 허용하는 '신해통공' 조치를 실시하다	종로	정조	32
1795	정조가 어머니의 회갑연을 위해 화성 행차를 떠나다	창덕궁, 시흥, 노량진, 수원	정조, 혜경궁 홍씨, 영조, 사도세자	34~43
1866	흥선대원군이 척화비를 세우고, 천주교도들을 탄압하다	당산, 합정, 절두산	흥선대원군, 고종	58~60
	병인양요가 일어나다	강화도	흥선대원군	60
1876	일본과 불평등 조약인 강화도조약을 체결하다		고종	47
1885	우리나라 최초의 근대 의료 기관인 광혜원을 세우다	재동, 을지로		61
1894	여성의 재혼, 단발령 등 조선 사회를 뒤흔든 조치를 내세우며 갑오개혁이 일어나다		김홍집, 이최응 내각	171~175
	전통적인 신분 질서에 저항한 동학농민운동이 일어나다	정읍, 김제, 전주, 익산	전봉준, 조병갑, 손화중, 손병희	171, 234~244
1895	개화 정책을 반대하는 을미의병이 일어나다	춘천, 양평, 제천	조인승, 이항로, 유인석, 이소응, 윤희순	172~179
1897	조선이 '대한제국'임을 선포하다	환구단(소공동)	고종	48, 64~65
1899	우리나라 최초의 근대 의학교인 '제중원 의학교'를 세우다	을지로		61~62
1900	경인선이 완전히 개통되어, 인천항이 국제 무역항으로 거듭나다	노량진, 인천역, 제물포, 인천항		47~56
1903	고종 즉위 40주년을 기념한 칭경 기념비를 세우다	광화문		128
1905	을사조약의 체결로 대한제국의 외교권을 빼앗기다	충정로	민영환	64~65
	서울과 부산을 잇는 경부선과, 경상도와 전라도를 잇는 경전선을 개통하다	부산, 심랑진, 순천, 김천, 추풍령		49, 215, 225~233

년도	내용	관련 지역	주요 인물	참고 쪽
1906	서울과 신의주를 잇는 경의선을 개통하다	신의주, 평양, 개성, 서울		49, 164~168
1914	서울과 원산을 잇는 경원선을 개통하다	신탄리, 연천, 전곡, 초성리		152~161
	익산과 여수를 잇는 전라선, 대전과 목포를 잇는 호남선을 개통하다	정읍, 김제, 전주, 익산		234~244
1922	안창남이 고국 방문 기념 비행을 하다	여의도	안창남	131~134
1926	나석주가 동양척식주식회사와 조선식산은행에 폭탄을 던지다	을지로	나석주	70~72
1939	서울과 춘천을 잇는 경춘선을 개통하다	춘천, 가평, 청평		170~179
1940	영주와 강릉을 잇는 영동선을 개통하다	강릉, 영주		192~201
1942	서울과 경주를 잇는 중앙선을 개통하다	경주, 안동, 청량리		204~212
1945	광복을 맞이하다			73, 245
1950	한국전쟁이 일어나다	수유리, 미아리, 성신 여대, 한강	채병덕	113~115
1955	제천과 태백을 잇는 태백선을 개통하다	사북, 영월, 제천		180~191
1958	경부선의 조치원역과 중앙선의 봉양역을 잇는 충북선을 개통하다	조치원, 충주, 제천		213~224
1960년대 후반~ 1970년대 초반	강남에 대규모 아파트 단지가 들어서고, 구로에는 공업 단지가 조성되다	잠실, 삼성, 역삼, 서초, 구로		76~83
1978	전곡역 부근에서 주먹도끼를 발견하다	전곡, 연천	그렉 보웬, 김원룡	156~161
2003	경의선이 복원되어 군사분계선에서 연결식이 열리다			168

도판 소장처 목록

유적지 및 유물 사진

15_ 영흥 준원전 전경, 태조의 활과 화살, 국립중앙박물관/19_ 살곶이 다리, 황은철/26_ 보신각 수문장 교대식, 배용순/29_ 저포전기, 미국 피바디에섹스 박물관/38_ 융릉과 무인석, 황은철/39_ 오색 깃발, 궁중유물 전시관/41_ 지지대 고개, 황은철/51_ 모걸 탱크형 기관차, 한국철도공사/귀빈 열차, 의왕철도박물관/58_ 척화비문, 조준형/59_ 절두산 관련, 조준형/61_ 제중원 모형과 개화기 의과서, 동은의학박물관/65_ 황궁우, 권찬주/71_ 나석주 편지, 나석주 기념사업회/77_ 올림픽 공원, 조준형/79_ 교과서와 무시험 추첨기, 서울교육사료관/89_ 《이중로 공신첩》, 경기도박물관/92_ 창의문, 한국관광공사/102_ 북촌 한옥 마을, 이영근/118_ 석촌동 백제 돌무지무덤, 조준형/123_ 풍납토성 101호 유구 토기·말머리뼈·말 모양 토우, 한신 대학교 박물관/목걸이, 호암미술관/불탄 조와콩, 경기도박물관/금동신발, 서울역사박물관/125_ 아차산 제4보루, 국립문화재연구소/사람 토우, 서울 대학교 박물관/128_ 고종 즉위 40년 칭경 기념비, 황은철/129_ 〈경강부임진도〉, 서울 대학교 규장각/130_ 조운선 복원 모형, 국립민속박물관/155_ 연천역 급수탑, 칼빈 코스트너/157_ 움집, 연천 군청/흥수아이와 코끼리 상아·주먹찌르개, 충북 대학교 박물관/하이에나 아래턱, 연세 대학교 박물관/158_ 연천 전곡리 유적, 한양 대학교 박물관/164_ 김위 철릭, 충북 대학교 박물관/169_ 전화기, 서울역사박물관/마패, 궁중유물전시관/172_ 단발 지령문과 단발 반대 통문, 독립기념관/176_ 자양영당, 제천의병전시관/177_ 의병 임명장·명단, 유인석기념관/178_ 《윤희순 의병 가사집》, 강원 대학교 박물관/182_ 《육선생유묵》, 서울 대학교 규장각/183_ 청령포, 김미애/184_ 관음송, 김미애/193_ 오죽헌, 장봉운/194_ 나무 기러기, 서울역사박물관/205_ 양동 마을 독락당, 경주시청/215_ 부산발 봉천행 열차, 부산근대역사관/223_ 절지수·곽재우 칼·가죽활집·전쟁 무기, 독립기념관/239_ 사발통문, 독립기념관/240_ 만석보 유지비, 정읍시청

회화 및 옛 지도

15_ 〈태조 어진〉, 경기전/17_ 〈한성전도〉, 영남 대학교 박물관/25_ 〈도성도〉, 서울 대학교 규장각/27_ 임득명의 〈가교보월〉, 삼성출판박물관/33_ 김준근의 〈엿장수〉, 프랑스 기메 박물관/34_ 〈정조대왕 화성행행 반차도〉, 서울 대학교 규장각/36_ 〈노량주교도섭도〉, 덕수궁 궁중유물전시관/47_ 이한철의 〈이하응 영정〉, 서울역사박물관/69_ 아극돈의 〈봉사도〉, 베이징 중앙민족 대학/89_ 〈이중로 영정〉과 공신첩, 경기도박물관/91_ 〈경기감영도〉, 호암미술관/97_ 김홍도의 〈씨름〉, 국립중앙박물관/〈동궐도〉, 고려 대학교 박물관/101_ 정선의 〈청풍계도〉, 고려 대학교 박물관/108_ 〈경도〉, 《해동지도》, 서울 대학교 규장각/111_ 〈남한산성도〉, 서울 대학교 규장각/112_ 〈송시열상〉, 국립중앙박물관/133_ 김홍도의 〈행상〉, 신윤복의 〈어물 장수〉, 국립중앙박물관/139_ 〈수문상친림관역도〉, 부산시립박물관/165_ 〈안향 초상〉, 소수서원/〈이제현 초상〉, 국립중앙박물관/167_ 〈임란전승 평양입성도병〉, 고려 대학교 박물관/174_ 〈이항로 영정〉, 화서기념관/185_ 김기창의 〈단종 영정〉, 영모전/190_ 정선의 〈독서여가〉, 간송미술관/강희언의 〈사인시령〉, 개인/194_ 김홍도의 〈신행〉, 국립중앙박물관/195_ 〈신사임당 영정〉, 오죽헌/신사임당의 〈초충도〉, 국립중앙박물관/197_ 〈김만덕 초상〉, 김만덕기념사업회/허난설헌의 〈앙간비금도〉, 개인/198_ 〈신부연석〉, 개인/200_ 김준근의 〈제사 지내는 장면〉, 독일 함부르크 민족학 박물관/206_ 〈성균관 친림 강론도〉, 고려 대학교 박물관/217_ 〈조선통신사 행렬도〉, 국립중앙박물관/219_ 〈부산진지도〉, 서울 대학교 규장각/221_ 〈동래부 순절도〉, 육군박물관/《징비록》, 독립기념관/229_ 〈수조도〉, 통영 충렬사

찾아보기

기차로 떠나는 한국사 일주

지하철史호선

1판 1쇄 펴냄 2008년 9월 5일
1판 2쇄 펴냄 2009년 6월 20일

지은이 강응천

펴낸곳 효형출판
펴낸이 송영만

디자인 자문 최웅림
일러스트 손다혜

등록 제406-2003-031호 | 1994년 9월 16일
주소 경기도 파주시 교하읍 문발리 파주출판도시 532-2
전화 031·955·7600
팩스 031·955·7610
웹사이트 www.hyohyung.co.kr
이메일 info@hyohyung.co.kr

ISBN 978-89-5872-068-3 03910

값 11,000원